AF500094

LES

PRINCIPES DE 89

ET LE CONCILE

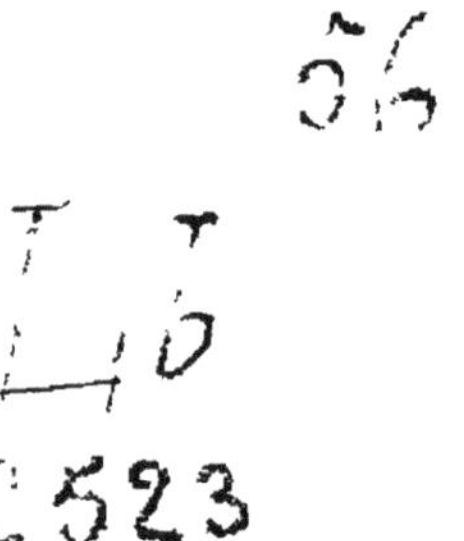

LES

PRINCIPES DE 89

ET

LE CONCILE

PAR

M. L'ABBÉ E. GRANDCLAUDE,

DOCTEUR EN THÉOLOGIE ET EN DROIT CANON,
PROFESSEUR DE THÉOLOGIE ET AUTEUR DU « BREVIARIUM PHILOSOPHIÆ SCHOLASTICÆ »

PARIS
P. LETHIELLEUX, LIBRAIRE-ÉDITEUR
23, rue Cassette, et rue de Mézières, 11

1870

AVERTISSEMENT

I

Il est de la nature des principes d'être immuables, et par là même perpétuels. Quand donc certaines maximes, décorées du titre de principes, sont présentées comme de récentes découvertes, on est au moins en droit de ne les accueillir qu'avec circonspection et défiance.

Or, de l'aveu de tous, les principes de 89 sont des produits nouveaux de l'industrie humaine : la logique, non moins que la prudence, exige donc qu'on les soumette à un contrôle sévère avant de les adopter ; et ils doivent être tenus pour suspects jusqu'à plus ample information sur leur nature et leur origine.

Il est vrai que, si l'on envisageait simplement l'apparition de ces doctrines dans le monde, du moins à l'état de tendance plus ou moins accusée, on pourrait leur assigner une haute antiquité. Sous ce rapport, quelques-uns de ces prétendus principes sont aussi anciens que l'esprit de révolte et d'insubordination contre la loi morale ; et ce qu'ils ont de faux et de pernicieux se trouvait déjà promulgué implicitement dans l'antique formule introduite jadis par Satan : Je ne me soumettrai point : « *Non serviam.* »

Si on les considère à l'état de théorie sociale, c'est-à-dire en tant qu'érigés en système plus ou moins opposé au catholicisme, leur naissance est un fait contemporain de l'invasion du protestantisme.

Si enfin il s'agit de l'époque à laquelle ils ont obtenu un certain triomphe dans l'ordre matériel, et ont exercé une influence assez générale sur l'opinion en Europe, ils remontent à la date qui leur est vulgairement assignée : ce sont en réalité les principes de 89.

C'est en effet à partir de cette époque qu'ils sont devenus l'objet d'un engouement assez universel, et qu'ils ont commencé à régner sur le monde, ou du moins sur ce monde que Jésus-Christ a désavoué : *non sum de hoc mundo*; c'est à partir de la Révolution française que, manifestant leur redoutable fécondité, ils ont produit leurs fruits naturels : dans l'ordre moral et religieux, avec le mépris des devoirs envers Dieu, l'hostilité plus ou moins ouverte contre la doctrine révélée; dans l'ordre social, des crises continuelles, de formidables catastrophes et l'instabilité de toutes les institutions politiques.

Il faut aussi ajouter qu'à cette époque enfin ils ont été formulés et proclamés d'une manière solennelle par l'Assemblée constituante ; et cet acte ne tendait à rien moins qu'à faire de ces rêveries philosophiques comme la base d'un nouveau droit public ; mais leur nature de principes théoriques, jointe à leur indétermination, était absolument incompatible avec la notion essentielle de la loi.

Les doctrines désignées vulgairement sous le titre de « Principes de 89 » se trouvent donc résumées toutes, plus ou moins explicitement, dans la fameuse déclaration de 1789 ; aussi nous attacherons-nous spécialement à ce formulaire doctrinal, afin de saisir en réalité et dans leur source reconnue et avouée ces grandes découvertes de l'esprit humain. Ce célèbre document va devenir ici l'objet d'une étude particulière au point de vue philosophique et théologique.

II

Comme on le voit, il s'agit d'un examen purement scientifique des « principes modernes. » Inutile par conséquent de chercher dans cet opuscule ou des aperçus historiques sur les causes et les effets sociaux de ces doctrines, ou ces déclamations plus ou moins sonores sur les progrès du mouvement révolutionnaire, ou enfin une appréciation quelconque des événements contemporains ; il ne traite ni de philosophie de l'histoire, surtout dans le sens actuel du mot, ni de politique, du moins en tant que par ce terme on désignerait soit l'ensemble des faits qui se lient à l'état interne ou externe des nations, soit les aspirations occultes ou avouées des gouvernements.

Il faut donc confesser, dès le début, que tous les aspects de la question qu'on appellerait aujourd'hui piquants ou intéressants, ont été impitoyablement sacrifiés ou négligés. Tout l'intérêt que pourra présenter ce travail revient à celui qu'offre la vérité elle-même, plus réel du reste en soi et plus durable que celui qui naît de contrastes factices et du fracas des mots.

On peut même ajouter, pour compléter cette confession, qu'il n'y a rien ici qui tende à agir, autrement que par des raisons, sur la volonté du lecteur : qui pourrait se proposer sérieusement de faire naître une aversion de pur instinct pour des doctrines ? Aussi ne fait-on appel ni aux intérêts des uns pour les alarmer sur les tendances pratiques de certaines utopies, ni au sentiment moral des autres pour les émouvoir sur les maux que l'erreur entraîne à sa suite, ni enfin au sens esthétique des artistes et des rêveurs dans tous les genres, en montrant la beauté des institutions détruites, l'éclat et la splendeur d'un ordre de choses ébranlé par ces principes, etc.

En un mot cette courte publication ne s'adresse ni à l'imagination pour l'intéresser par des tableaux saisissants, ni à cette sensibilité extérieure et féminine qu'on fait vibrer si volontiers aujourd'hui à l'aide de phrases sentimentales et vides, ni enfin à une passion quelconque pour l'exploiter. Elle consiste, pour le dire encore une fois, en une exposition purement didactique des doctrines que renferment ces principes tant célébrés par les incrédules de toutes les nuances. Et c'est peut-être le côté par lequel ce travail pourrait avoir à notre époque quelque chose de neuf ou d'inusité.

III

C'est assez dire que ce genre d'exposition sera loin de plaire à toutes sortes de lecteurs. Aussi cet avis suffira-t-il amplement pour écarter et mettre en fuite les simples amateurs de nouveautés, ou les esprits frivoles, incapables d'une attention sérieuse et soutenue. Et si par hasard, le titre pouvait un instant faire illusion à l'un de ceux-ci, et lui persuader qu'il s'agit d'une brochure piquante, la lecture de ces quelques lignes ferait cesser toute méprise. Si donc, malgré cet avertissement, quelque curieux indiscret, passant outre, venait à s'embourber dans un raisonnement trop subtil pour lui ou à bâiller entre deux distinctions, il ne s'en prendrait qu'à lui-même. Comment d'ailleurs ceux qui ont fait à peu près toute leur éducation philosophique dans les romans nouveaux, les brochures du temps et les journaux pourraient-ils s'occuper des questions soulevées ici ? Leurs lectures énervantes tendent de leur nature à subordonner l'intelligence à l'imagination ; or celle-ci est mue beaucoup moins par le vrai que par le spécieux, apte à stimuler la sensibilité.

Du reste la sympathie de ces hommes pour les maximes de 89 ne donne pas plus de crédit réel à celles-ci, que leur aversion pour les mêmes principes ne conférerait de probabilité aux doctrines opposées.

Bossuet, distinguant avec raison l'homme d'entendement de l'homme d'imagination, décrivait autrefois les différences qui existent entre eux : « Celui-ci, dit-il, est propre à retenir et à se re-« présenter vivement les choses qui frappent les « sens ; l'autre sait démêler le vrai d'avec le faux, « et juger de l'un et de l'autre (1). » C'est donc au premier que s'adresse cet écrit, c'est-à-dire à celui qui, à la culture de l'intelligence, joint l'habitude de la réflexion et la rectitude de l'esprit.

L'homme d'entendement ne sera point étonné de trouver parfois ici une analyse minutieuse de certaines assertions ; il saura très-bien que des

(1) *De la connaissance de Dieu et de soi-même*, ch. I, § 11.

théories assez spécieuses pour occuper et même dominer bon nombre d'esprits sérieux, ne peuvent être d'une manière évidente et de tous points fausses et absurdes.

Il faudrait être absolument étranger à toute étude philosophique pour s'imaginer qu'on peut, en dix lignes et à l'aide de quelques métaphores brillantes, faire justice de semblables doctrines. Pour disséquer et mettre à nu tout un système aussi complexe que l'ensemble des principes de 89, et en général pour discerner le vrai du faux, une sérieuse application d'esprit sera toujours nécessaire ; et telle est, en général, la condition requise pour qu'on puisse porter un jugement — personnel et fondé — sur tant de préjugés contemporains qu'on exploite contre la sainte Eglise de Jésus-Christ ; telle est aussi la condition impérieusement exigée pour qu'on puisse suivre notre exposition des erreurs fondamentales du temps, car nous avons cru devoir, pour plus de rigueur, de brièveté et de clarté, faire usage des termes scientifiques.

LES
PRINCIPES DE 89
ET LE CONCILE

CHAPITRE PREMIER.

LA RÈGLE VIVANTE DE LA FOI ET LES ENNEMIS DE LA VÉRITÉ.

I

La célébration d'un Concile œcuménique est toujours un événement grave dans l'Eglise et dans le monde ; les ennemis de la foi eux-mêmes pressentent l'influence qu'exercent sur les sociétés, comme sur les individus, ces Etats-Généraux de la chrétienté; aussi, de nos jours, ne peuvent-ils dissimuler le dépit que leur cause cette détermination hardie du vieux Pontife de Rome.

« Le Concile, selon eux, est une entreprise audacieuse contre les droits de l'esprit humain, désormais consacrés par les institutions modernes. »

Chaque fois qu'ils sont forcés de reconnaître par des effets sensibles et notoires la vitalité de l'Eglise, ils commencent à craindre ; et voilà pourquoi ils se répandent en clameurs et en invectives, lorsqu'un fait vient rappeler aux hommes la nature et les destinées de la société de Jésus-Christ.

Il n'est donc pas étonnant qu'à la voix de Pie IX, retentissant dans le monde, tous les ennemis de l'Eglise aient répondu par un cri d'alarme : quand la sentinelle veille et signale sa présence, les voleurs de nuit perdent une sécurité qui leur est chère. Suivre les évolutions des ennemis du nom chrétien, examiner la nature des armes qu'ils préparent dans l'ombre, étudier de près toute leur stratégie, serait assurément chose curieuse ; mais on voit assez maintenant, au moins d'une manière générale, tout leur plan d'attaque; et les engins de guerre qu'ils emploient aujourd'hui contre l'Eglise sont connus depuis longtemps.

A cette heure, ils s'efforcent surtout d'alarmer leurs adeptes et les enfants de la Révolution, en présentant le futur Concile comme le mortel ennemi des principes de 89, et, par là même, comme le grand adversaire des sociétés modernes: et nul n'ignore que, d'après la théologie maçonnique, ces principes constituent les dogmes fondamentaux du droit public et privé qui doit régir toute société, religieuse ou politique. Et, chose étrange ! même les grands ennemis de tout ordre social viennent se poser comme les zélés défenseurs des sociétés modernes; il est vrai que, par société moderne, ils entendent, non point la situation présente des choses, mais une société qui recevra ultérieurement sa forme parfaite et stable.

En fait, les sociétés existantes, dans la pensée des novateurs, n'ont encore que le germe ou le principe à l'état rudimentaire du véritable ordre social; ce germe, par son épanouissement complet, donnera plus tard la véritable organisation politique. Voilà le plan actuel, dont l'exécution se poursuit avec entente et énergie.

Aussi, quand le Chef de l'Eglise, qui a mission divine pour instruire les rois et les peuples, signale les dangers qui menacent les uns et les autres, quand il montre tous les trônes chancelants et les nations elles-mêmes dans un état d'instabilité funeste, quand il veut rappeler à tous les exigences de la loi morale, qui, seule, peut garantir les droits véritables, et par suite procurer et maintenir le bien public, des clameurs s'élèvent aussitôt de tous les antres de la démagogie et de l'impiété; on réclame au nom de la liberté contre l'intolérance religieuse.

Ainsi donc ces libéraux en titre, qui toutefois n'entendent laisser aux autres que la liberté de penser comme eux, s'efforcent d'abord de faire accepter les fameux articles de 89 comme des axiomes incontestables; pour eux, ce sont les principes fondamentaux devant lesquels tous doivent s'incliner respectueusement, sans se permettre jamais aucun examen. Et cela ne suffit point encore : il faut de plus admettre, comme authentiques, toutes leurs interprétations de ces principes. Ils commencent ainsi par exiger, pour les oracles qu'ils rendent, une soumission qu'ils refusent, bien entendu, aux décrets du Pape ou des Conciles œcuméniques.

Il ne serait donc pas inutile d'examiner attentivement, au moins une fois, la valeur scientifique de cette déclaration, d'ailleurs purement spéculative; sans doute, on a assez signalé les tendances et les effets de ces principes; mais peut-être a-t-on négligé par trop d'examiner la rectitude même, au point de vue purement rationnel, de ce formulaire doctrinal.

II

Assurément, le nombre de ceux qui se constituent les zélés défenseurs des fameux articles, et professent une admiration réelle ou feinte pour ces immortelles vérités de 89, est très-considérable; et ces admirateurs ou défenseurs peuvent se répartir en trois classes. Bien qu'ici nous n'ayons en vue qu'une discussion purement doctrinale, en dehors de toute polémique, néanmoins, il est toujours utile de constater l'état des esprits touchant les points à exposer.

La première catégorie se compose d'hommes entraînés par des préventions aveugles, et comprend le nombre très-considérable de ceux qui ne savent pas même en quoi consistent ces prétendus principes; pour ceux-ci, l'admiration est d'autant plus grande qu'ils connaissent moins ce qu'ils admirent, et que la science et la raison, chez eux, n'apportent point d'entraves et de bornes à cette admiration. Leur assentiment a donc pour véritable objet, beaucoup moins la chose elle-même, restée inconnue pour eux, que les épithètes dont celle-ci est décorée par le journalisme, la publicité et l'opinion.

Il est évident que, pour cette classe d'hommes, une explication scientifique serait chose inutile ; ce qu'ils nomment leur opinion ou leur conviction est quelque chose d'instinctif et non de raisonné, quelque chose qui procède des sens, de la perception empirique, et non de l'esprit ; c'est le résultat du caprice, d'une impulsion aveuglément reçue, et non de l'examen et de la réflexion. Ils ne sont point accessibles au raisonnement, et ne peuvent être gouvernés par l'intelligence et la raison.

La deuxième catégorie, moins nombreuse que la première, se compose d'une prétendue aristocratie intellectuelle, qui n'est pas tout-à-fait à la remorque du journalisme et de l'opinion, mais agit parfois, dans une certaine mesure, sur l'un et l'autre.

Nous ne sommes point ici en présence de ceux qui veulent, du moins sciemment et par la volonté, provoquer des perturbations sociales ; ce sont, au contraire, ceux qui s'adjugent à eux-mêmes le titre d'honnêtes gens et de conservateurs (de l'ordre matériel, bien entendu !). Mais comprendre avec netteté tout ce qui tient à l'ordre moral, découvrir la loi de dépendance en droit et en fait de l'ordre matériel par rapport à ce même ordre moral, voilà ce qui passe leurs conceptions. Fortement imbus des préjugés du temps, c'est-à-dire des opinions et des idées modernes, systématiquement attachés aux principes de 89, dont ils ont une connaissance vague et générale, leur dogme fondamental consiste à professer, les uns une défiance plus ou moins grande envers l'Eglise, les autres la conciliation entre les enseignements de la foi et les prétendues découvertes de l'esprit moderne.

Le *Syllabus* a causé la plus grande surprise à tous ces hommes, qui, pour la plupart, se piquent de discernement politique : pour les uns, cet acte du pouvoir souverain dans l'Eglise était une attaque contre les principes fondamentaux sur lesquels reposent les sociétés actuelles; pour les autres, c'était un manifeste au moins inopportun, et renfermant des principes peut-être contestables, etc.

La convocation d'un Concile les affecte diversement : pour les plus étrangers aux idées chrétiennes, c'est un anachronisme, une chose qui n'a plus de raison d'être au milieu du siècle des lumières ; maintenant chaque individu, ou peu s'en faut, saura se suffire dans l'ordre intellectuel et moral. Pour les autres, le Concile est une assemblée délibérante, un Parlement qui pourrait fort bien agir sur les idées rétrogrades de la cour romaine, et les modifier ; il aurait aussi pour mission d'attempérer un peu la vieille et trop austère doctrine de l'Eglise, afin de l'adapter aux idées et aux progrès du siècle.

Ici donc, en un mot, nous sommes en plein gnosticisme : il faut absolument faire de la gnose ou de la science moderne la règle suprême du vrai, du beau et du bien. Et, chose étonnante ! certains catholiques, dont le cœur vaut mieux que l'esprit, tiennent à peu près ce langage ; peu versés dans la science sacrée, médiocrement imbus des principes de la foi, trop peu confiants dans le pouvoir doctrinal de l'Eglise et les oracles du Saint-Siége, ces hommes voudraient tout concilier. Ils préconisent la charité, la prudence et la modération, mais en tant qu'elles doivent conduire à des concessions indéfinies dans le domaine de la vérité. Pour ceux-ci, il s'agit avant tout de trouver des nuances assez indécises, assez vagues, des formes grammaticales ou oratoires assez indéterminées, pour ne heurter aucune doctrine, et satisfaire tout le monde.

On est même convenu d'appeler sagesse et habileté cet art des demi-teintes, du clair-obscur, etc., qui permet de faire miroiter sous des couleurs et des aspects multiples, non seulement les opinions théologiques, mais les dogmes révélés eux-mêmes. Saint Paul n'aurait-il pas parlé pour notre époque, lorsqu'il a dit : *Erit tempus quum sanam doctrinam non sustinebunt, sed ad sua desideria coacervabunt sibi magistros prurientes auribus ; et a veritate quidem auditum avertent, ad fabulas autem convertentur.*

Enfin la troisième catégorie se compose de ceux qui veulent exploiter contre l'Eglise, et surtout contre l'ordre social existant, toutes les équivoques et les incertitudes que contient la déclaration. Et qu'on le dissimule avec art ou qu'on l'avoue, ces prétendus principes ne sont autre chose qu'un instrument de destruction dirigé spécialement et directement contre le sujet du pouvoir politique ; et que le titre de possession sur lequel s'appuie le souverain, soit l'élection ou l'hérédité, peu importe ! c'est le *souverain, comme tel, qu'on a voulu rendre révocable* au gré ou au caprice de la nation.

Et d'ailleurs, le but avéré de ce manifeste, c'est de fournir au peuple un titre et une règle pour évoquer sans cesse à son tribunal tous les actes du prince. Les législateurs disent dans le début ou prologue, qu'ils ont fait cette déclaration « afin que les actes du pouvoir législatif et ceux du pouvoir exécutif, pouvant être à chaque instant comparés avec le but de toute institution politique, en soient plus respectés. » Or on sait quel est le respect produit par un contrôle populaire, surtout quand ce contrôle est solennellement provoqué.

Il est donc évident que les sectaires habiles ont toujours vu, et avec raison, dans ce manifeste philosophique une arme perfide pour arriver à leurs fins, et précipiter insensiblement la société dans des perturbations indéfinies. Assurément ils ont assez de pénétration d'esprit pour voir les conséquences pratiques renfermées dans ces principes ; et, à vrai dire, ce sont les seuls partisans réels et logiques de ces théories ; ils connaissent leur but, l'aptitude des moyens qu'ils exploitent, et ainsi ils sont conséquents avec eux-mêmes.

On voit assez qu'une réfutation, quelque évidente qu'elle soit, ne saurait avoir d'influence sur ces esprits systématiquement hostiles à la vérité ; ils ne veulent, en effet, d'autre règle pour juger et apprécier les doctrines, que le but poursuivi ; tout moyen, apte ou utile en vue de la fin désirée, devient vérité et principe, et tout obstacle, erreur.

Toutefois, en dégageant les doctrines des équivoques sous lesquelles on les dissimule, en donnant aux vérités qui en sont susceptibles l'évidence rationnelle, on obtient toujours un double résultat : d'abord celui de mettre à nu la perversité des doctrines et la mauvaise foi de ceux qui les propagent, et ensuite de prémunir les cœurs honnêtes contre le côté spécieux de l'erreur.

Après avoir, par l'énumération de ceux qui reçoivent les doctrines, constaté le danger pratique et actuel de celles-ci, examinons maintenant quelle est la valeur scientifique et la rectitude doctrinale de ces fameux principes

III

Les rédacteurs de ce manifeste spéculatif atfectent, avec plus d'efforts de volonté que de pénétration d'esprit, une méthode rigoureusement synthétique, et veulent procéder par principes et déductions : nous n'aurons donc pas à étudier un à un les dix-sept articles dont se compose la déclaration ; il suffira d'examiner en eux-mêmes les principes fondamentaux, et de constater la légitimité de certaines conclusions.

A la vérité, cette synthèse consiste beaucoup plus en une juxtà-position de théories et d'idées, plus ou moins incohérentes, que dans un système doctrinal homogène et harmonique dans ses divers éléments. Toutefois, dans ces différents articles, nous pouvons en trouver quelques-uns qui ont réellement, par rapport à tous les autres, le caractère de principes.

Le premier, qui est une sorte de vérité primordiale, constitue comme une prémisse universelle, à laquelle se rapportent plus ou moins logiquement et directement tous les autres articles. Il commence par affirmer la liberté et l'égalité natives de l'homme, pour conclure immédiatement que l'utilité commune est le fondement de toutes les distinctions sociales.

De cet article, qui pose les principes *fondamentaux*, se déduisent :

1° La liberté *civile* prise, soit activement (IV, V), soit passivement, quant aux personnes (VII, VIII, IX) et quant au droit de propriété (XVII).

2° La liberté *politique* et l'origine de la souveraineté (III) ou, ce qui revient au même, celle de la loi (VI) ; en d'autres termes, on conclut à affirmer ce qu'on nomme aujourd'hui la souveraineté du peuple et l'égalité des citoyens dans l'ordre civil et politique.

3° La liberté *religieuse*, et en général ce qu'on nomme vulgairement la liberté de penser (X, XI).

Et ces déductions constituent les *grands principes* de 89 ; viennent ensuite les *petits principes* :

L'article deuxième, autre dogme fondamental, détermine la cause finale ou le but de l'association politique. Et à ce principe se rapportent :

1° La détermination des *moyens* pour atteindre ce but : la force publique (XII), la contribution (XIII) ;

2° L'organisation de ces moyens, de manière à en garantir l'usage intègre (XIV, XV).

Enfin, l'article seizième, dernière vérité-principe,

est un véritable astre errant dans cette nébuleuse; il vient déclarer, lorsqu'on s'y attend le moins, en quoi consiste l'essence d'une constitution politique.

Nous allons donc examiner les articles fondamentaux, avec leurs principales déductions; nous verrons ensuite si le pouvoir doctrinal de l'Eglise peut porter un jugement définitif sur ces questions, ou si elles sont totalement en dehors de sa compétence.

CHAPITRE II.

LA LIBERTÉ PSYCHOLOGIQUE ET LA LIBERTÉ MORALE.

I

Le premier article de la déclaration est conçu en ces termes : « Les hommes naissent et demeurent libres et égaux quant aux droits. Les différences sociales ne découlent que de l'utilité commune. »

Ce premier article, qui revêt la forme d'un enthymème, renferme deux parties : la première constitue un principe général qui sert d'antécédent, et la deuxième est une conclusion déduite de ce principe. L'antécédent, très-complexe dans ses éléments, et par là même se prêtant à l'équivoque, peut et doit se résoudre en quatre propositions simples : (1)

(1) Theses phil., in Rom. studiorum universitate traditæ, ann. 1860.

1° Tous les hommes naissent libres ;

2° Tous les hommes demeurent libres ;

3° Tous les hommes naissent égaux quant aux droits ;

4° Tous les hommes demeurent égaux quant aux droits.

Les deux premières affirment donc la liberté native et permanente de l'homme, et les deux suivantes déclarent l'égalité originaire et stable des droits. Examinons d'abord les deux premières, et tâchons de faire voir ce qu'elles renferment de vrai, de faux et d'ambigu.

Voici la thèse que nous allons démontrer : Ces propositions, envisagées d'une manière générale, sont vagues, indéterminées et équivoques ; considérées comme principes de la conclusion déduite, c'est-à-dire en tant que déterminées par la nature de l'enthymème dans lequel elles figurent comme antécédent, elles sont absolument et évidemment fausses.

La vérité ou la fausseté d'une proposition consistant dans le rapport affirmé de l'attribut au sujet, nous allons étudier les éléments des propositions indiquées.

L'attribut « libres » peut s'entendre d'autant de manières différentes qu'il y a de divisions de la liberté ; or, la liberté, qui est la faculté de choisir, peut s'exercer ou dans le domaine des seuls actes intérieurs et spirituels, ou dans celui des actes extérieurs et de l'ordre sensible. La volonté, en effet, peut exercer son empire soit sur elle-même, soit sur les facultés subalternes et purement exécutives. Personne n'ignore qu'autre chose est d'émettre en soi-même une volition libre, et autre chose de réaliser dans l'ordre extérieur ce que la volonté avait décrété. Nous pouvons être parfaitement libres d'arrêter en nous un projet, sans que pour cela nous ayons la faculté de le réaliser au dehors ; l'ordre spirituel des conceptions et des volitions libres est évidemment distinct de l'ordre des actions sensibles et corporelles.

Ainsi, il est hors de doute que nous devons distinguer entre l'acte intérieur et purement spirituel de la volonté libre, et la réalisation ou exécution par les facultés corporelles : insister sur ce point serait faire injure à tout homme sensé.

Quand nous envisageons la faculté spirituelle d'émettre tel acte intérieur ou tel autre, de vouloir ou de ne pas vouloir, cette faculté d'agir ou de ne pas agir, de faire telle chose ou telle autre, conserve le nom générique de liberté, de libre arbitre, ou prend celui de liberté psychologique. Si, au contraire, il s'agit de l'exercice non entravé des facultés sensibles et corporelles, ce pouvoir se nomme liberté de coaction.

La liberté psychologique est donc la liberté proprement dite, qui est l'apanage des êtres raisonnables, le principe du mérite et du démérite dans l'ordre moral. Elle consiste, comme on le voit, dans la faculté spirituelle de choisir : à ce pouvoir serait opposée toute détermination intrinsèque *ad unum*, provenant d'une cause nécessitante, qui pourrait agir immédiatement sur l'âme et la volonté ; une détermination de ce genre, qui serait physiquement imposée à la volonté elle-même, détruirait l'élection et par là même la liberté psychologique.

Il résulte de là que la première partie de l'antécédent, en tant qu'elle signifie : l'homme est physiquement libre d'émettre des actes intérieurs, est rigoureusement vraie. Il est incontestable en effet que, sous le rapport indiqué, l'homme naît libre et reste libre, c'est-à-dire doué du libre arbitre, et que cette faculté lui est essentielle ; l'homme naît libre par le fait qu'il naît homme, c'est-à-dire être doué d'intelligence et de volonté, et il demeurera libre tant qu'il restera homme. Il lui est aussi impossible de se dépouiller de sa liberté que de se dépouiller de sa nature spirituelle.

Cette liberté psychologique embrasse donc le domaine des opérations propres de la volonté, en tant que faculté distincte des autres puissances de l'homme ; et ces opérations spirituelles échappent par leur nature même à la coaction de tout agent extérieur, autre que Dieu. Il est évident qu'un homme ne peut en empêcher un autre de vouloir ou de ne pas vouloir intérieurement tel objet présenté par l'esprit, plutôt que tel autre, et de former en lui-même tous les projets qui pourront lui sourire. La volonté est donc *physiquement* libre ; et ainsi il est vrai de dire en ce sens que « tous les hommes naissent libres, » et que « tous les hommes demeurent libres. »

II

Mais de ce que l'homme est ici-bas physiquement libre, c'est-à-dire exempt de coaction dans le domaine des opérations purement spirituelles , il ne résulte pas qu'il soit *moralement* libre dans la même mesure. Il ne peut en effet émettre indifféremment toutes les volitions possibles ; ce serait faire de la volonté humaine la source première et la règle suprême de toute loi morale ; et sans entrer ici dans la discussion de la théorie absurde de l'autonomie de la volonté humaine, même par rapport à la droite raison, ce qu'aucun rationaliste n'a encore admis explicitement, il suffit d'observer que ce serait faire de l'homme un être indépendant de Dieu même. L'homme, dans cette hypothèse, ne serait lié que par des lois qui émaneraient de lui-même ; et avant toute législation humaine et positive, il n'y aurait pour lui aucune loi morale. Et ainsi au déisme affirmé par les législateurs dans le prologue, serait substitué l'athéisme le plus radical.

Si donc il y a des choses moralement bonnes ou mauvaises pour l'individu, envisagé dans le seul ordre individuel, et en dehors de toute relation à la société civile et politique, si la distinction du bien et du mal moral n'est pas un simple corollaire de l'état social et un pur résultat d'une libre association, il faut assigner ici des limites à la liberté. Les relations de l'homme avec Dieu, de la créature intelligente avec le créateur, préexistent réellement et logiquement à tout fait social.

La loi naturelle implique donc des droits et des devoirs de l'ordre individuel, non moins que de l'ordre social; ainsi, il est hors de doute que l'homme ne peut moralement choisir tout ce qu'il pourrait vouloir physiquement. Il n'est pas libre de choisir ce qui lui est défendu par la volonté de son créateur et le dégrade, et de ne pas choisir ce qui lui est imposé par cette même volonté manifestée, soit par la loi naturelle, soit par des lois positives. L'homme n'est pas plus par lui-même la source fondamentale et la règle suprême du vrai et du bien, qu'il n'est la source première de sa propre existence et la fin dernière pour laquelle il est ordonné. Il naît et reste créature intelligente, et par là même, essentiellement subordonné à l'ordre moral (1).

Si donc nous entendons parler de la liberté morale, les premières propositions, prises dans leur généralité, sont purement et simplement fausses. L'homme dans l'exercice normal et légitime de sa liberté psychologique, ne peut choisir indifféremment entre le bien et le mal moral ; il ne peut revendiquer, comme un droit primordial et imprescriptible, l'affranchissement de tout ordre moral antérieur et supérieur à toute constitution sociale. Et ainsi, pour le dire encore une fois, les premières propositions entendues de la liberté psychologique, nieraient l'ordre moral, si elles étaient prises dans leur universalité.

(1) « Syllabus : Prop. condamnées : II. Neganda est omnis Dei actio in homines et mundum. III. Humana ratio, nullo prorsus Dei respectu habito, unicus est veri et falsi, boni et mali arbiter ; sibi ipsi est lex, et naturalibus suis viribus ad hominum ac populorum bonum curandum sufficit. »

Or, elles sont prises en ce sens , en tant qu'elles constituent les prémisses dont les articles X et XI seront déduits, puisque ces articles affirment la liberté de penser, même quand il s'agit des relations de l'homme avec Dieu ou des devoirs religieux. Donc ces articles X et XI (1) du moins en tant que les conséquences et déductions, doivent dès maintenant être considérés comme faux ; et ainsi la condamnation portée par l'art. 15 du *Syllabus* reste seule l'expression de la vérité (2).

III

Mais ces propositions-principes du premier article, envisagées comme simple antécédent de l'enthymème,

(1) X. Nul ne doit être inquiété pour ses opinions, même religieuses, pourvu que leur manifestation ne trouble pas l'ordre public établi par les lois.

XI. La libre communication des pensées et des opinions est un des droits les plus précieux de l'homme : tout citoyen peut donc parler, écrire, imprimer librement, sauf à répondre de l'abus de cette liberté dans les cas déterminés par la loi.

(2) « Liberum cuique homini est eam amplecti ac profiteri religionem, quam rationis lumine quis ductus veram putaverit. »

qui constitue tout l'article, doivent s'entendre de la seule liberté de coaction ; il faut donc les examiner à ce point de vue : et, sous ce rapport, les deux premières propositions sont fausses. La première : « l'homme naît libre » de la liberté de coaction, signifie que l'homme n'est soumis naturellement à l'action d'aucun agent, et qu'il naît affranchi de toute relation externe pouvant physiquement restreindre le domaine des opérations corporelles. Or, cette proposition, ainsi formulée d'une manière générale et absolue, est évidemment fausse.

En effet, il est hors de doute que l'homme peut être, et de la manière la plus légitime, sous l'empire de la coaction ; il n'a pas le droit originaire de réaliser au dehors, par ses facultés sensibles, toutes les déterminations et les inclinations, même les plus désordonnées, de la volonté ; il est manifeste que l'enfant ne naît pas libre de toute contrainte, mais que l'inclination de ses appétits est souvent contrariée par une coaction légitime et nécessaire ; la coaction ici est impérieusement exigée pour la conservation de l'individu dont elle comprime la liberté extérieure.

Enfin, l'homme n'a pas un droit absolu sur lui-même, sur sa vie, sur ses facultés, etc., et la liberté d'exécution doit être réglée par la loi morale et la raison droite, sinon l'homme rentrerait dans la catégorie des agents de l'ordre inférieur : la brute et la matière inorganique.

Il y a donc dans l'ordre purement individuel, et en dehors de toute relation de l'ordre civil ou politique, des actes extérieurs prohibés, comme il y a des actes extérieurs licites ou obligatoires. L'homme ne peut réaliser extérieurement tout ce que ses appétits peuvent convoiter ; il a seulement la faculté de poursuivre ce qui est conforme à l'ordre, soit individuel, soit social, c'est-à-dire ce qui est du véritable domaine du droit subjectif. En un mot, la liberté extérieure doit avoir pour règle la loi morale; et la seule société domestique peut empêcher la violation de cette loi.

Ainsi, il reste hors de doute, en présence du bon sens le plus vulgaire, que les propositions générales : « l'homme naît libre, l'homme demeure libre, » prises dans toute leur universalité, sont vraies s'il s'agit de la liberté psychologique, envisagée comme faculté naturelle, fausses s'il s'agit de la liberté de coaction, envisagée soit moralement, soit même physiquement. Prises comme antécédent de l'enthymème qui constitue l'article premier, elles sont donc simplement fausses : l'homme en naissant n'est nullement saisi du droit de tout vouloir et de tout faire selon son bon plaisir; mais il est saisi du pouvoir originaire de vouloir et de faire ce qui est dans l'ordre, soit individuel, soit social.

Et ainsi, les art. 4 et 5 (1), envisagés comme conclusions de principes posés dans l'article 1er, sont éliminés par la logique; ils ont vraiment le caractère de conséquence, car ils partent de l'hypothèse que la société présuppose des éléments doués d'une liberté

(1) IV. La liberté consiste à pouvoir faire tout ce qui ne nuit pas à autrui : ainsi l'exercice des droits naturels de chaque homme n'a de bornes que celles qui assurent aux autres membres de la société la jouissance de ces mêmes droits. Ces bornes ne peuvent être déterminées que par la loi.

V. La loi n'a le droit que de défendre les actions nuisibles à la société. Tout ce qui n'est pas défendu par la loi ne peut être empêché, et nul ne peut être contraint à faire ce qu'elle n'ordonne pas.

indéfinie, sans aucune règle objective ou subjective, et de droits absolument sans limites d'un ordre quelconque.

Les articles (1) relatifs à la liberté individuelle par rapport à la coaction du pouvoir, ne se déduisent pas plus logiquement que les précédents ; mais, envisagés comme propositions absolues, quelques-uns rappellent au pouvoir des vérités utiles ; en somme, ils ne renferment rien de sérieusement contraire à

(1) VII. Nul homme ne peut être accusé, arrêté ni détenu, que dans les cas déterminés par la loi, et selon les formes qu'elle a prescrites. Ceux qui sollicitent, expédient, exécutent ou font exécuter des ordres arbitraires, doivent être punis, mais tout citoyen appelé ou saisi en vertu de la loi, doit obéir à l'instant; il se rend coupable par la résistance.

VIII. La loi ne doit établir que des peines strictement et évidemment nécessaires, et nul ne peut être puni qu'en vertu d'une loi promulguée antérieurement au délit et légalement appliquée.

IX. Tout homme étant présumé innocent jusqu'à ce qu'il ait été déclaré coupable, s'il est jugé indispensable de l'arrêter, toute rigueur qui ne serait pas nécessaire pour s'assurer de sa personne doit être sévèrement réprimée par la loi.

XVII. La propriété étant un droit inviolable et sacré, nul ne peut en être privé, si ce n'est lorsque la nécessité publique, légalement constatée, l'exige évidemment, et sous la condition d'une juste et préalable indemnité.

des principes certains et absolus ; nous n'aurons donc pas à nous en occuper davantage. Du reste il ne saurait être question ici de ce que la notion de l'équité naturelle pourrait exiger touchant les formes particulières de la procédure et le droit de propriété. Ces questions sont trop étrangères à notre but.

CHAPITRE III

L'ÉGALITÉ SPÉCIFIQUE ET L'INÉGALITÉ INDIVIDUELLE

I

Les deux dernières propositions contenues dans l'antécédent de l'article 1er sont celles-ci : « Tous les hommes naissent égaux quant aux droits ; tous les hommes demeurent égaux quant aux droits. » Or ces affirmations, comme les précédentes, sont d'abord équivoques et captieuses, par défaut de détermination suffisante : de plus, envisagées en tant que principes de la conclusion immédiatement déduite, elles sont purement et simplement fausses.

Ces propositions peuvent, en effet, être entendues de l'égalité *spécifique* ou de l'égalité *individuelle.* Tous les hommes, en tant que participant d'une nature commune, sont égaux entre eux ; et il est hors de doute que la nature humaine, avec les droits qui lui sont inhérents, n'est pas en partie chez l'un et en partie chez l'autre ; elle est tout entière et sans diminution en chacun des hommes. Les individus humains, envisagés quant à la nature commune à tous, et par suite quant aux *droits de l'humanité*, sont donc entre eux dans les conditions d'égalité parfaite ; et comme la nature est le fondement du droit naturel, il résulte de là que l'identité de nature implique certains droits communs à tous.

Mais, d'autre part, il est manifeste que cette égalité est de l'ordre abstrait, comme l'identité de nature elle-même est de l'ordre abstrait ; la nature humaine n'est dite commune à tous et identique qu'en vertu d'une abstraction de l'esprit. Cette égalité spécifique consiste en ce que chaque homme renferme en lui tout ce qui correspond à la définition ou au concept abstrait de l'homme : *animal rationale.*

Chaque individu peut participer plus on moins abondamment de ce qui constitue le genre ou la différence dans cette définition, sans perdre pour cela cette sorte d'égalité. Tant qu'il restera un être distinct, d'un côté de l'ange et de l'autre de la brute, il restera aussi dans les conditions d'égalité spécifique avec tous les hommes. Et l'on pourrait dire d'une manière analogue que l'homme se trouve dans les conditions d'égalité générique avec la brute, parce que, dans la définition, le genre prochain : *animal*, est une notion commune à l'homme et à la brute.

Il est donc évident que cette égalité abstraite ne s'oppose en rien à l'inégalité individuelle. Ainsi, il faut discerner dans l'homme ce qu'il y a de commun à tous et ce qu'il y a de propre à chacun; ce qui est commun, c'est la nature abstraite, qui est le principe de l'égalité spécifique; et ce qui est propre, c'est ce qui constitue l'individu, comme individu, ou en tant qu'il diffère de tous les autres; et la nature ne peut être à l'état d'existence réelle sans être revêtue des conditions individuelles.

Si donc, outre l'égalité spécifique et ses fondements dans l'ordre concret, il y avait encore égalité individuelle, celle-ci ne pourrait résulter que de ce qui constitue l'individu comme tel ; or, affirmer cette égalité individuelle revient à dire que le principe de la diversité est en même temps, et sous le même rapport, la source de l'identité et de l'égalité. Ainsi nous trouvons dans l'homme à l'état concret un principe de diversité qui peut devenir le fondement de droits individuels différents, de même que l'identité de nature est le fondement de droits communs à tous.

Du reste, qui pourrait, en fait, affirmer l'égalité individuelle de l'homme et de la femme, du père et du fils, de l'homme de génie et de l'idiot, de l'homme robuste et de l'homme débile ? etc.

Nous ne voyons donc rien dans les conditions numériques qui puisse exiger et constituer l'égalité absolue de tous les droits originaires, et qui répugne en quoi que ce soit à certaines différences individuelles parmi les hommes ; nous y trouvons, au contraire, le principe de l'égalité et de l'inégalité, selon qu'il s'agit des droits qui résultent des propriétés essentielles de l'humanité comme telle, ou de ceux qui découlent des conditions purement individuelles.

Les droits qui ont pour fondement prochain la nature elle-même, telle qu'on vient de la définir, peuvent être appelés droits *innés* ou *originaires*; et ils ne sont passibles ni d'abdication volontaire ni de privation légale: ce sont les droits absolument inaliénables et imprescriptibles. La nature elle-même immédiatement les révèle et les enseigne, pour employer l'expression du droit romain : *jus naturale est quod natura omnia animalia docuit.* (1)

Les droits au contraire qui ont pour fondement prochain les conditions individuelles peuvent être appelés droits surajoutés ou *acquis*; par exemple, les pouvoirs paternels. D'où l'on voit que certains droits acquis peuvent être des droits naturels : bien qu'ils ne soient pas inhérents à la nature, comme telle, ils résultent néanmoins de la nature constituée dans certaines conditions individuelles.

En partant donc de l'égalité native des droits pour faire jaillir toutes les différences sociales de l'utilité commune, il y aura pétition de principes, au moyen d'une équivoque, ou, si l'on veut, d'une lourde confusion. Et il résulte de là que le conséquent, « les

(1) Instit. lib. I. Tit, II.

différences sociales ne peuvent être fondées que sur l'utilité commune, » envisagé comme déduction, est déjà éliminé par les lois de la logique.

II

Si maintenant nous partons du concept même du droit, pour examiner de quelle manière, dans quel sens et dans quelle mesure les hommes « naissent égaux en droits », nous retrouverons la même confusion d'idées et de principes ; et la conclusion déduite : « les différences sociales... » nous apparaîtra de nouveau avec son caractère de conséquence illégitime, et en outre de proposition fausse.

Le droit ici est envisagé subjectivement, c'est-à-dire en tant que faculté légitime de faire ou d'exiger quelque chose; or nul ne peut ignorer que toute faculté d'agir ne constitue pas indistinctement un droit subjectif, mais seulement celle qui est conforme à l'ordre régulier ou au droit objectif. Mais le droit objectif a pour fondement primordial la direction rationnelle de toute nature vers sa fin essentielle : tout être, en effet, tend légitimement à sa fin ; et nul agent ne peut entraver cette tendance sans troubler l'ordre primordial, et sans faire à l'être gêné dans sa voie normale une injuste violence, ou sans porter atteinte à une faculté légitime d'agir, c'est-à-dire à un droit.

Le droit subjectif fondamental, celui qui est vraiment et indissolublement inhérent à la nature, est donc la faculté, pour tout être intelligent et libre, de poursuivre par ses actes sa fin dernière ; conférer la nature et assigner cette fin sont une seule et même chose; et posséder la nature, avoir droit à cette fin, s'impliquent de la même manière.

Et il est vrai de dire en ce sens : « Tous les hommes naissent et demeurent égaux quant aux droits. » De même qu'il y a identité spécifique entre tous les hommes, il y a aussi une fin unique assignée également à tous, et la nature, en tant que principe d'action, doit avant toutt endre à cette fin, qui répond adéquatement à ses inclinations normales.

Tous les hommes ont donc également droit à poser des actes qui ont une connexion vraie et rigoureuse avec la fin dernière ; mais en dehors de cette fin et de ce qui, par rapport à elle, a caractère de moyen nécessaire, il n'existe aucun but à atteindre ou aucun bien qui soit de la même manière un et identique pour tous.

A la vérité, les hommes, par leur nature corporelle, sont ordonnés à la possession des biens extérieurs de la vie présente ; mais il est vrai aussi que cette ordination résulte de la nature envisagée sous les conditions individuelles : de là des rapports variés et multiples des hommes entre eux en vue de cette fin particulière ; de là intervention du droit positif humain pour réglementer ces rapports ; par conséquent, dans tout le domaine des droits et des devoirs naturels ou acquis, qui sont relatifs aux biens de l'ordre contingent, on rentre toujours en quelque chose dans le domaine de la diversité entre les individus humains.

Mais il est évident que les philosophes législateurs n'ont point eu en vue le droit subjectif *fondamental,* et se sont fort peu préoccupés de la fin dernière ou du salut éternel de l'homme. Etablir les distinctions sociales sur le principe abstrait et indéterminé de l'utilité commune, faire de chaque individu, en tant qu'individu, la cause efficiente primordiale de tous les pouvoirs sociaux, voilà ce qu'ils ont eu en vue. Les articles III et VI (1), qui arrivent comme conclusions, déterminent assez le sens subjectif de l'article premier. Il s'agit manifestement ici de l'égalité absolue des droits, comme point de départ indispensable de toute organisation politique.

Or, ce nivellement des droits individuels innés ou acquis, est, pour tout résumer en un mot, contre la nature même, contre le témoignage de tout le genre humain, et en particulier contre le sentiment de tous les législateurs, sans exception. Contre la nature : le père et le fils, l'homme et la femme ne jouissent pas d'une parfaite égalité de droits dans leurs relations réciproques, et n'entrent pas d'une manière identique, comme éléments, dans la société, soit civile, soit

(1) III. Le principe de toute souveraineté réside essentiellement dans la nation, etc.

VI. La loi est l'expression de la volonté générale. Tous les citoyens ont droit de concourir personnellement, ou par leurs représentants, à sa formation, etc.

domestique ; la liberté civile et politique de la femme ne peut être rigoureusement égale et conforme à celle de l'homme et du chef de famille. L'individu qui naît membre d'une famille opulente a des droits de propriété qui font défaut chez celui qui naît prolétaire.

Ce principe d'égalité absolue nierait donc le droit de propriété, ou tout au moins de transmission du domaine par voie d'hérédité, ce qui est contre toutes les législations des peuples civilisés et contre le fait universel. Depuis l'origine du monde jusqu'à nos jours, jamais, en fait, cette prétendue égalité n'a été reconnue ; et les légistes protestants qui l'ont introduite dans l'ordre théorique, ne la donnèrent primitivement que comme une fiction légale.

La quatrième proposition simple, qui arrive comme corollaire de la troisième, renferme d'abord tous les vices de celle-ci ; en outre elle a ceci de propre : ou qu'elle identifie avec les droits naturels tous les droits acquis, ou qu'elle nie absolument ceux-ci. Les hommes en effet ne peuvent demeurer dans les conditions d'égalité absolue quant aux droits, qu'autant : 1° que l'acquisition de tout droit est impossible, et 2° que tous les droits originaires seront inamissibles. Ainsi, d'un côté, en niant les droits acquis, il résultera, par exemple, que le souverain n'a aucun droit strict qui lui soit personnel ; que les prérogatives juridiques de père, comme tel, sont aussi celles de l'enfant, etc. D'autre part, en rendant inaliénables tous les droits originaires, il faudra conclure que parmi ces droits aucun n'est susceptible ou d'abdication volontaire ou de privation légale.

Ici donc nous retrouvons la même confusion d'idées et de principes ; et les deux dernières propositions : « Les hommes naissent égaux, les hommes demeurent égaux quant aux droits, » bien que vraies sous certains rapports, sont fausses sous celui-là précisément qui est en question.

III

Quant à la conclusion déduite de tout l'antécédent : « Les différences sociales ne peuvent être fondées que sur l'utilité commune, » il est manifeste, par ce qui vient d'être dit, qu'elle ne peut être qu'une conclusion fausse. Et sans examiner ici la source de la hiérarchie et du pouvoir dans la société civile, il nous suffit d'avoir constaté et démontré la fausseté de la conclusion par celle des prémisses.

Du reste, les prémisses fussent-elles vraies, qu'elles ne conduiraient point par elles-mêmes à cette conclusion : de l'égalité des droits individuels, il ne résulte pas que la cause finale unique des distinctions sociales soit le principe de l'utilité commune ; la conséquence logique serait beaucoup plutôt l'impossibilité de semblables distinctions, puisqu'enfin celles-ci ne peuvent avoir lieu sans l'inégalité des droits. La conclusion pèche donc à la fois contre la logique et contre la vérité.

Mais si nous prenons ce conséquent en lui-même et absolument, il vient également heurter contre des vérités évidentes. Nous venons de voir, en examinant les deux dernières propositions, qu'il y a dans les hommes deux choses à discerner : ce qui est commun à tous, ou la nature abstraite principe d'égalité, et ce qui est propre à chacun, ou l'individualité principe de diversité ; et de cette égalité et inégalité originaires parmi les hommes et antérieures à toute organisation civile, doit résulter l'ordre social. Il est donc faux d'affirmer absolument que la cause finale suprême et l'origine adéquate de toute différence juridique parmi les hommes soit l'utilité commune.

En outre, les constituants ne semblent pas même soupçonner que les éléments qui concourent prochainement à former la société civile consistent, non dans les individus comme tels, mais dans les familles avec tous leurs droits propres ; la société domestique préexiste réellement et logiquement à la société civile, et entre dans celle-ci comme société subordonnée. Et ainsi, pour employer le terme philosophique, les individus sont la matière éloignée de la société civile, et la famille, ou les individus, en tant qu'ils constituent la société domestique, sont la matière prochaine ; d'où l'on voit que la cité, reposant sur la famille, se compose d'individus inégaux quant aux droits.

La conclusion de l'article premier est cependant vraie en ce sens, que toute *distinction sociale* qui serait contre le bien public deviendrait par là même illégitime : quand le bien commun et le bien privé sont vraiment en collision, celui-là toujours doit être préféré. Elle est également vraie en ce sens que la collation positive des distinctions civiles proprement dites doit toujours tendre à l'utilité commune ; et nul ne peut nier que le souverain qui les dispenserait en vue de son seul avantage particulier, serait prévaricateur ; il ferait de la chose publique son bien privé.

Cette simple analyse philosophique de l'article 1er manifeste assez tout ce qu'il renferme de faux et d'ambigu ; elle suffit aussi, ce me semble, à conférer une pleine évidence au jugement porté sur chacune des propositions énumérées, jugement que l'on peut résumer en ces quelques mots : ces propositions, bien que vraies sous certains rapports, pèchent d'abord contre la vieille logique, qui défend d'affirmer universellement ce qui n'est vrai que sous un aspect particulier; ensuite, envisagées quant au sens qu'elles reçoivent dans la déclaration, elles sont purement et simplement fausses.

CHAPITRE IV.

LA LIBERTÉ CIVILE ET LES DEVOIRS NATURELS.

I

Après les principes fondamentaux énoncés dans l'article 1er de la Déclaration de 1789, viennent les déductions pratiques, moins indéterminées, il est vrai, et plus obvies que les affirmations préliminaires. Ces conséquences, toutefois, ne pèchent pas non plus par excès de clarté et de précision : ici encore, un besoin illimité d'affranchissement, de vagues aspirations vers je ne sais quel renouvellement social, viennent s'insurger contre la droite raison et l'équité, et établir laborieusement un échafaudage ridicule de dogmes inconnus ou répudiés jusqu'alors. Mais la confusion des idées, l'incohérence et l'absurdité des théories ne suffisent point à diminuer la haute importance des questions soulevées.

Après avoir donc affirmé dans l'article premier l'indépendance absolue de l'homme, soit dans l'ordre extérieur, ou une liberté de coaction sans limites, soit dans l'ordre purement spirituel, ou une liberté morale sans aucune régle objective, les législateurs arrivent logiquement à déduire au profit de chaque individu, délivré de toute oppression :

1° Une pleine liberté d'agir (IV, V);

2° Une entière liberté de penser, non-seulement dans l'ordre intime et invisible, mais encore et surtout dans l'ordre de manifestation (X, XI);

Et enfin 3° un pouvoir directif absolu et inaliénable, ou une pleine faculté de se gouverner soi-même, en sorte que la souveraineté ne peut être qu'une résultante, une dérivation quelconque de la plénitude des droits individuels (III, VI).

Cette liberté ou indépendance n'a de limite, dans l'ordre des actions, que celle qui est posée par la loi civile, d'après ce seul principe : « Ne point nuire à autrui ; » dans le domaine des opinions ou des doctrines, « même religieuses, » elle n'a d'autres bornes que « l'ordre public établi par la loi » ; enfin, dans l'ordre politique proprement dit, elle n'a en elle-même aucun terme quant à son objet : « Le principe de toute souveraineté réside essentiellement dans la nation ; » et, dans son exercice, elle n'a d'autre règle que la coordination nécessaire des opérations individuelles des citoyens : « La loi est l'expression de la « volonté générale. »

Inutile de rappeler que chacune de ces déductions a déjà été éliminée du domaine de la vérité et du droit par la réfutation des prémisses, et qu'ainsi au seul tribunal de la logique et d'Aristote, juge non suspect en ces matières, on peut leur opposer une fin de non-recevoir qui ne souffrirait aucune exception. S'il est vrai que la liberté morale et la liberté de coaction ont des limites légitimes et nécessaires ; si l'homme, simplement à titre de créature, est astreint à certains devoirs de l'ordre visible et extérieur, comme de l'ordre invisible et purement spirituel ; si, enfin, l'autonomie absolue d'un être faible et périssable, soumis dans son corps à l'action des agents physiques, même les plus grossiers, et assujetti dans son âme à l'ignorance, etc., est une évidente contradiction dans les termes, il est manifeste que chaque individu humain ne jouit pas d'une liberté absolue de penser, d'agir et de se gouverner : il doit reconnaître quelque règle extérieure obligatoire dans l'ordre des opérations purement spirituelles, non moins que dans celui des actions extérieures et corporelles.

Les articles-déductions renferment donc notoirement tous les vices que nous avons signalés dans le premier ; mais il y a cette différence que celui-ci, à cause de son indétermination, pouvait encore présenter un côté spécieux, tandis que les autres, du moins la plupart, sont assez déterminés pour ne pouvoir offrir qu'un sens faux. Ce sont néanmoins ces articles qui ont ménagé à la Déclaration tant de chauds partisans ; ce qui, à certain point de vue, ne doit nullement étonner: comme on a ouvert la voie à tous les instincts pervers de la pauvre humanité, on pouvait compter par là même sur de nombreux suffrages.

II

Examinons la liberté d'action définie par les articles IV et V (1) ; tout ce qui tient à la liberté de penser et à la souveraineté populaire, c'est-à-dire aux autres conclusions énumérées plus haut, sera l'objet d'une étude spéciale.

D'abord, il est manifeste que cette liberté est affirmée comme déduction des principes posés dans l'article premier, et par là même est une conséquence logique du sens faux que présente cet article. On assigne en effet, ici, les seules limites qui puissent restreindre cette liberté absolue, ou cette indépendance native de l'homme affirmée tout d'abord : chacun

(1) IV. La liberté consiste à pouvoir faire tout ce qui ne nuit pas à autrui ; ainsi l'exercice des droits naturels de chaque homme n'a de bornes que celles qui assurent aux autres membres de la société la jouissance de ces mêmes droits. Ces bornes ne peuvent être déterminées que par la loi.

V. La loi n'a le droit de défendre que les actions nuisibles à la société. Tout ce qui n'est pas défendu par la loi ne peut être empêché, et nul ne peut être contraint de faire ce qu'elle n'ordonne pas.

peut faire « tout ce qui ne nuit pas à autrui ; » et pour éviter toute indétermination ou obscurité, les législateurs répètent ailleurs la même chose en d'autres termes : « La loi n'a le droit de défendre que les actions nuisibles à la société. » Il est donc évident que ces articles s'appuient sur le premier comme sur un principe universel, qui leur communique tout leur caractère de vérité.

Sans insister sur ce point suffisamment établi, nous nous attacherons à signaler le vice fondamental de ces articles pris en eux-mêmes et absolument : or, envisagés de la sorte, ils détruisent radicalement la notion du devoir à tous les degrés. Tout le monde a toujours entendu par devoir, *officium*, l'obligation morale de faire ou d'omettre quelque chose : *obligatio moralis aliquid faciendi vel omittendi* : il y a obligation d'omettre quand le devoir est corrélatif à un droit d'agir, ou, en d'autres termes, lorsqu'une action violerait un droit ou une loi. Ce qui est donc hors de doute, c'est qu'il y a des devoirs qui consistent dans l'obligation morale de faire quelque chose ; de plus, parmi ces devoirs, les uns sont absolument essentiels et primordiaux, et préexistent à toute organisation civile.

L'homme, en effet, est lié par des devoirs essentiels et primordiaux d'un triple ordre : il est lié par rapport à Dieu, son premier principe et sa fin dernière; et, comme nous le dirons plus tard, ces devoirs l'emportent sur tous les autres, parce qu'ils constituent la relation essentielle de l'homme à sa fin dernière. Et parmi ces devoirs, beaucoup consistent dans des actions positives et non dans de simples omissions; donc l'homme n'est pas moralement libre de faire tout ce qui n'est point « défendu par la loi civile. »

L'homme est aussi lié par des devoirs envers lui-même : il ne peut pas faire un usage arbitraire ou contre nature de ses facultés, soit spirituelles, soit corporelles; il ne saurait, par exemple, disposer de sa propre vie et de ses membres, etc. Il ne peut donc moralement faire tout ce qui n'est point défendu par la loi civile, d'après le principe : « Ne point nuire à autrui. »

Enfin il est encore assujetti, comme homme, à

des devoirs envers les autres hommes, et parmi ces devoirs, quelques-uns peuvent consister dans des actions. Et même, en envisageant l'homme dans ses rapports avec ses semblables, il peut être, en dehors de tout commandement positif du pouvoir civil, soumis à un quadruple ordre de devoirs : de l'homme à l'homme, pour secourir dans un de ses semblables l'humanité souffrante ; du membre de la société domestique à un autre membre de la même société ; du citoyen au citoyen, non d'après le principe négatif « ne point nuire à autrui », mais d'après ce principe positif : « faire le bien » ; enfin du chrétien envers le chrétien, en lui facilitant, dans certaines conjonctures, l'accès aux biens de la vie éternelle.

Maintenant, si l'on veut objecter que les législateurs n'ont entendu parler que des seuls devoirs « *de cive ad civem* » que la loi civile aurait seulement à régler, on devra d'abord nier que tel soit le sens de la déclaration ; ensuite, le sens subjectif fût-il celui-là, qu'il serait encore faux, comme on le voit par ce qui vient d'être dit : Les lois qui président à la formation de la société et les devoirs des citoyens entre eux reposent nécessairement sur le premier principe de toute obligation morale : *faites le bien*. Il s'agit en effet ici, non de rapports factices et arbitraires, non de rapports résultant des lois positives, mais de la règle fondamentale et primordiale qui doit régir ces lois positives elles-mêmes. Or le premier précepte de la loi naturelle n'est pas : défendez votre liberté extérieure, et ne nuisez point à autrui, mais la grande obligation de tout être moral : faites le bien.

Il est donc manifeste que nos philosophes-législateurs ne sont pas plus heureux dans le domaine des applications pratiques que dans celui des principes généraux ; c'est toujours le même esprit superficiel, dogmatisant dans le vide et sous l'impulsion immédiate de la secte philosophique et anti-religieuse, qui depuis près d'un demi-siècle régnait sur l'opinion.

CHAPITRE V.

LA LIBERTÉ POLITIQUE ET LE POUVOIR SOCIAL.

I

Dans les articles de la Déclaration que nous avons étudiés jusqu'à présent, l'Assemblée constituante avait légiféré principalement dans le domaine de la métaphysique ; et il a été suffisamment constaté que, dans ces questions, nos législateurs du siècle des lumières auraient eu beaucoup à apprendre de saint Thomas, ce représentant des siècles d'ignorance. Nous arrivons maintenant aux assertions les plus pratiques et les plus graves qui aient été formulées dans la Déclaration, c'est-à-dire aux immortels principes, aux grandes conquêtes de l'esprit humain sur la barbarie du moyen-âge, etc.

Un de ces immortels principes consiste à affirmer

directement dans le troisième article et indirectement dans le sixième, la souveraineté du peuple. L'article troisième, ainsi conçu : « Le principe de toute souveraineté réside essentiellement dans la nation ; nul corps, nul individu ne peut exercer d'autorité qui n'en émane expressément, » indique quelle est l'origine de toute souveraineté ou de la cause efficiente de la loi.

L'article sixième (1) : « La loi est l'expression de la volonté générale... » détermine la nature de la loi conformément à la nature du principe qui la produit ; et ainsi cet article est le développement rigoureux du troisième, et participe par là même à tous les vices de celui-ci. Et comme la loi consiste principalement ou même formellement dans un acte de la volonté (2),

(1) Art. VI : La loi est l'expression de la volonté générale. Tous les citoyens ont le droit de concourir personnellement, ou par leurs représentants, à sa formation. Elle doit être la même pour tous, soit qu'elle protége, soit qu'elle punisse. Tous les citoyens étant égaux à ses yeux, sont également admissibles à toutes les dignités, places et emplois publics, selon leur capacité et sans autre distinction que celle de leurs vertus et de leurs talents.

(2) Suarez, *De leg.*, l. 1, c. V.

il résulte de là qu'elle doit être l'expression de la volonté générale, si le pouvoir souverain n'est que la résultante de toutes les volontés individuelles.

La connexion entre ces articles, dont l'un repose sur l'autre, est assez manifeste pour que nous n'ayons à nous occuper ici que du troisième, ou « du principe de toute souveraineté », qui est aussi le principe de la loi. Or, cet article, envisagé en lui-même et quant au sens qu'il reçoit dans la Déclaration, est purement et simplement faux, d'après la droite raison non moins qu'en présence de la révélation et de la foi.

Il revêt aussi la forme enthymématique, très-affectionnée de nos législateurs, et par là-même renferme deux parties : la première, envisagée en elle-même et absolument, pourrait à la rigueur offrir deux sens, l'un plus absolu et plus exclusif, l'autre moins général et moins éloigné de la vérité : 1° le principe qui produit la souveraineté est essentiellement la nation ; 2° le principe auquel la souveraineté, quelle qu'en soit d'ailleurs l'origine, est inhérente comme à son sujet, est essentiellement la nation.

Mais si l'on envisage l'antécédent selon qu'il est

déterminé par les principes sur lesquels il repose, et par le conséquent qui en résulte, il implique cette double proposition : 1° la souveraineté dérive de la nation comme de sa source essentielle ; 2° elle reste inhérente au corps de la nation comme à son sujet inséparable.

Et pour mieux préciser la différence qui existe entre ces divers sens, il importe de rappeler la distinction d'ailleurs très-obvie, entre le pouvoir suprême ou la souveraineté prise en elle-même, et le sujet particulier qui la possède. Nul n'ignore que le pouvoir, bien qu'il réside dans une personne déterminée, est néanmoins distinct et séparable de cette personne : de même donc qu'en général une fonction et un fonctionnaire sont choses différentes, ainsi la souveraineté est distincte du sujet qui l'exerce ; et de même aussi que celui qui institue un fonctionnaire n'est pas par là créateur de la fonction conférée, ainsi le principe qui a produit la souveraineté, peut être distinct de celui qui détermine et constitue le sujet particulier qui exerce ce pouvoir souverain.

La souveraineté en elle-même consiste dans un ensemble de droits sur les membres de la société, ou dans la faculté morale de diriger les actions des citoyens vers le bien commun ou la fin sociale ; le sujet du pouvoir est la personne physique ou morale qui possède et exerce ces droits souverains.

D'où l'on voit aussi que la souveraineté, envisagée en elle-même, fait abstraction de toute forme de gouvernement, et d'autre part que ces différentes formes viennent uniquement de la nature du sujet qui exerce les droits souverains : *jura majestatica.* Ainsi les trois formes simples, la monarchie, l'oligarchie, la démocratie, avec toutes les formes mixtes, tirent uniquement leur diversité de la diversité du sujet du pouvoir.

Il est donc évident que dans l'article troisième, pris dans son intégrité et selon le sens qu'il reçoit dans la Déclaration, trois choses sont affirmées : 1° la souveraineté, comme telle, jaillit de la nation elle-même ou des droits individuels, comme de son principe prochain et adéquat; 2° elle réside d'une manière inaliénable dans le corps de la nation comme dans son sujet essentiel ; d'où il résulte 3° que nul corps, nul individu ne peut exercer d'autorité qui n'émane expressément de la nation, ce qui revient à dire que la personne physique ou morale, ayant l'exercice actuel de la souveraineté, ne possède qu'un pouvoir vicarial, tandis que le pouvoir réel et habituel a pour sujet nécessaire et permanent le corps de la nation.

II

Or, la première affirmation consiste dans la théorie protestante et rationaliste du contrat social, répudiée par tous les théologiens catholiques comme suspecte dans son origine, pernicieuse dans l'ordre pratique, et formellement opposée dans l'ordre spéculatif à la droite raison et à la révélation divine. Le contrat social fait de la souveraineté le résultat d'une abdication volontaire des droits individuels, et forme artificiellement la société civile à peu près comme une compagnie de commerce.

Cette théorie est suspecte dans son origine : c'est en effet un produit naturel et spontané du protestantisme; et il est curieux de voir les légistes de la Réforme, et à leur suite Rousseau, se morfondre sur cette utopie ingrate pour lui conférer quelque chose de spécieux : ainsi, Puffendorf construit la société au moyen d'un triple pacte social : le pacte d'union, *pactum unionis*, qui constitue la cité; le *decretum formæ*, qui détermine la forme du pouvoir politique; enfin le contrat de soumission, *pactum subjectionis*, par lequel tous les associés déposent une partie de leur liberté, dont la somme et la libre disposition constituent le pouvoir. Quelques autres suppriment le *decretum formæ*; enfin Hobbes, et après lui Rousseau, n'admettent qu'un seul pacte social, celui de renonciation à la volonté individuelle au profit de la volonté générale. Et Hobbes se déclare lui-même l'inventeur de ces théories : la philosophie civile, ainsi qu'il nomme ces doctrines : « *Antiquior non est libro quem de cive scripsi.* »

Et sans entrer dans d'autres détails, ces quelques mots suffisent, ce me semble, pour indiquer l'origine historique de ces doctrines. D'autre part, si l'on songe que la Réforme protestante a posé, comme dogme fondamental, l'indépendance absolue de chaque fidèle dans l'ordre religieux, on verra assez la connexion qui existe entre cette fameuse *libertas christiana*, et la théorie du contrat social.

Il serait donc facile de démontrer que l'origine rationnelle de ce système social n'est point différente de son origine historique : l'individu étant dans l'ordre religieux la source de tout pouvoir, il devait, à plus forte raison, en être de même dans la société civile. Aussi les légistes protestants Hobbes, Puffendorf, Grotius, Bœhmer, Vattel, etc., n'ont-ils fait qu'appliquer rigoureusement à l'ordre social les principes de la réforme religieuse.

Mais si cette doctrine, dans son origine, doit être suspecte à tout chrétien, considérée en elle-même, elle est absolument fausse et opposée à la révélation divine. La doctrine catholique affirme que la souveraineté en elle-même, ou abstraction faite du sujet concret du pouvoir, prince, assemblée ou multitude, vient de Dieu et non des droits individuels. Et ce point doctrinal constitue une thèse théologique facile à démontrer, et dont nous nous contenterons d'indiquer les preuves fondamentales. L'Ecriture Sainte nous fournit sur cette vérité de nombreux témoignages, qu'on peut lire dans les théologiens ; et ces témoignages se résument tous dans ces paroles de l'apôtre saint Paul : *Non est potestas nisi a Deo* (Rom. XIII). Les Pères de l'Eglise, à leur tour, principalement saint Irénée, Tertullien, saint Augustin et saint Jean Chrysostôme, sont aussi très-explicites sur ce point.

Enfin les auteurs payens eux-mêmes et la persuasion universelle du genre humain confirment cette doctrine.

Du reste, la seule raison démontre suffisamment cette vérité. D'abord l'argument invoqué par Suarez et tiré du droit de vie et de mort inhérent à la souveraineté, est irréfragable : ce droit, depuis l'origine du monde jusqu'alors, et chez tous les peuples, civilisés ou non, a toujours été reconnu au prince ; par conséquent la voix du genre humain tout entier affirme que ce droit est inhérent à la souveraineté ; mais, d'autre part, il est évident, et d'ailleurs admis par tous les moralistes, que l'individu n'a aucun droit sur sa propre vie ; le pouvoir souverain ne peut donc être le résultat d'une cession quelconque des droits individuels. Aussi les partisans du contrat social ont-ils pressenti la difficulté ; et ne pouvant conférer à l'homme un droit sur sa propre vie, ils ont dû refuser à la société le pouvoir d'infliger la peine de mort.

On pourrait, en outre, démontrer que la société, appartenant surtout à l'ordre des faits naturels, doit venir de Dieu, auteur de la nature, et qu'ainsi la souveraineté, sans laquelle aucune société ne peut exister ou être conçue, doit aussi venir de Dieu, auteur de la nature. Inutile de faire observer qu'il ne s'agit point ici d'expliquer la manière particulière dont Dieu, par la nature, ordonne les hommes à la société, et beaucoup moins encore d'indiquer les lois physiques ou morales d'où résulte la diversité des Etats : l'origine des nations particulières peut être aussi différente de celle de la société, que l'origine d'un objet d'art, par exemple, est différente de l'origine de l'art en général.

III

Si maintenant nous arrivons à l'autre affirmation renfermée implicitement dans l'article troisième, nous constaterons sans peine qu'elle constitue une proposition assez complexe, ayant quelque chose de vrai ou du moins d'admissible comme opinion libre, et quelque chose d'absolument faux. Ce point de libre controverse, c'est que le sujet *primordial* du pouvoir souverain est la multitude ou le corps de la nation comme tel. Saint Thomas, Covarruvias, Bellarmin, Suarez, etc. soutiennent, en effet, que la souveraineté a été conférée par Dieu à la collection des individus ou à la communauté, et non à tel homme en particulier; et ainsi cette opinion jouit au moins d'une grande probabilité extrinsèque. D'autres théologiens, au contraire, affirment que ce pouvoir descend de Dieu, comme auteur de la nature, dans telle personne déterminée, qui était ou devient exclusivement apte à régir la société. Le mode de désignation de ce sujet particulier du pouvoir souverain est expliqué diversement par les partisans de cette opinion. Dans tout ceci on peut donc dire : *in dubiis libertas.*

Ce qui est certain toutefois, c'est que jamais la doctrine d'une désignation positive par voie de communication immédiate et surnaturelle, comme moyen ordinaire, n'a été enseignée par les théologiens catholiques : la désignation par le ministère des prophètes était un mode spécial au peuple hébreu, et tout à fait accidentel chez les autres nations ; par exemple, le sacre d'Hazaël par Elisée.

L'erreur que nous signalions consiste à affirmer que la souveraineté est tellement inhérente au corps de la nation, qu'elle y réside d'une manière inaliénable ; et ainsi la multitude ne saurait se dessaisir réellement, ne fût-ce que pour un temps limité, des droits souverains : elle ne pourrait que confier transitoirement l'exercice de ces droits.

Or, d'après l'enseignement uniforme des théologiens catholiques, quelle que soit leur opinion particulière sur le sujet primordial, la souveraineté elle-même est vraiment transmissible d'un sujet à l'autre, que ce sujet soit la nation elle-même ou non. Elle appartient à la catégorie des droits aliénables ; et le prince saisi légitimement du pouvoir, soit par voie d'élection, d'hérédité ou de toute autre manière, a non-seulement l'exercice, mais encore la vraie possession des droits souverains, en sorte que la communauté ou la république ne possède plus alors ni le pouvoir lui-même, ni la faculté de le déléguer de nouveau (1).

Du reste, la communauté n'a jamais la possession actuelle du pouvoir que pour le conférer ; et, pour le dire en passant, une démocratie pure théoriquement est une absurdité et une contradiction dans les termes, pratiquement une impossibilité, et historiquement un mythe sans réalité. Mais quoi qu'il en soit à cet égard, ce qui ne saurait être révoqué en doute, c'est que la multitude, tant qu'il y a un possesseur légitime de la souveraineté, reste purement et simplement le sujet au profit duquel celle-ci a été instituée; toutefois, l'extinction réelle et juridique des droits souverains dans les possesseurs fait retomber le pou-

(1) Suarez, *de Legibus*, t. III, c. III, v. 7.

voir dans son sujet primordial, le corps de la nation. Et tel est aussi l'enseignement positif de Suarez, de Covarruvias, en un mot des théologiens qui s'écartent le moins de la doctrine du contrat social.

De tout ceci, il résulte d'une manière évidente que l'enseignement des docteurs catholiques est éminemment conservateur de l'ordre existant, assure la stabilité sociale, repose sur la justice et l'équité, et n'admet aucun droit à l'insurrection. Les principes de 89 au contraire, ont tous les vices opposés, et font d'une révolution sociale quelconque l'acte juridique par lequel le peuple, vrai et seul possesseur, appuyé sur un droit absolu, inaliénable, imprescriptible, revendique légalement l'usage de ce droit.

CHAPITRE VI

LE LIBÉRALISME DANS LE DOMAINE DE LA FOI

I

L'ordre civil était reconstruit ; il est vrai qu'on l'avait établi sur le principe négatif et égoïste : « Ne point nuire à autrui, » et non sur sa base réelle et positive, le devoir et la charité fraternelle ; mais la reconstruction n'en était que plus neuve et plus originale. L'ordre politique, à son tour, venait d'être remanié d'une manière plus radicale encore, et plus inconnue aux siècles d'ignorance ; on avait conféré aux sujets, du moins théoriquement, la souveraineté réelle, et adjugé au prince la subordination légale. Il fallait donc, pour compléter cette grande œuvre, réorganiser de la même manière l'ordre religieux : et les articles 10 et 11 (1) vinrent adapter les institutions chrétiennes aux progrès de la civilisation moderne.

Ainsi les constituants, après avoir proclamé l'indépendance mutuelle des divers membres de la société, ou la liberté civile, l'indépendance originaire et inaliénable de chaque citoyen par rapport au sujet de la souveraineté, c'est-à-dire la liberté politique, décrétèrent finalement la liberté religieuse. L'homme, qui avait vu tomber une à une toutes ses entraves, devait aussi être délivré du lien le plus intime et le plus impérieux qui puisse l'enchaîner ici-bas : celui des devoirs envers Dieu. C'est ce dernier complément de la félicité de l'homme régénéré et vivant désormais sous le soleil resplendissant de la liberté que nous allons étudier.

S'il est un point sur lequel les équivoques, dans

(1) X. Nul ne doit être inquiété pour ses opinions, même religieuses, pourvu que leur manifestation ne trouble pas l'ordre public établi par la loi.

XI. — La libre communication des pensées et des opinions est un des droits les plus précieux de l'homme : tout citoyen peut donc parler, écrire, imprimer librement, sauf à répondre de l'abus de cette liberté dans les cas déterminés par la loi.

ces derniers temps surtout, se soient accumulées, c'est assurément celui-ci ; tout, d'ailleurs, concourait à produire la confusion et les ténèbres ; les images et les métaphores tenaient lieu des idées et des principes, la précision doctrinale était éliminée à titre d'orthodoxie froide et hargneuse ; les rhéteurs, les romanciers et les poètes, prenant la place des théologiens, assignaient les limites et fixaient le sens de la doctrine révélée ; il faudra donc ici encore signaler bien des confusions ; et ceux qui, semblables au provincial du janséniste Pascal, craindraient par trop le *distinguo*, seront parfois peu satisfaits.

Montesquieu, comme on sait, découvritso uventdans les lois l'esprit qui n'y était pas ; il sera donc permis de chercher d'abord, même en s'exposant au péril de ne rien trouver, l'esprit de cette réaction, dite libérale, qui a provoqué, soutenu et prôné les articles que nous avons à examiner ; nous étudierons ensuite les doctrines en elles-mêmes.

Le terme de liberté, dans la langue de la Déclaration et de la philosophie rationaliste, est, comme on l'a vu, synonyme d'indépendance et d'affranchissement; cette tendance à dégager graduellement l'homme de toutes les servitudes anciennes pour lui rendre son autonomie originaire, proclamée dans l'article 1er, a pris le nom de libéralisme; et ceux qui travaillent à cette grande restauration dont les principes de 89 ont jeté les fondements, s'adjugent le titre de libéraux. Ces définitions, tirées de l'ordre des faits, suffisent déjà à manifester le but final et logique du libéralisme pris universellement.

Quel est, en effet, le terme nécessaire de cette progression indéfinie dans la voie de l'indépendance humaine, de l'affranchissement de tous les liens intérieurs et extérieurs ? Si d'abord nous envisageons la liberté civile, telle que la conçoivent les propagateurs du droit nouveau, il est manifeste qu'elle n'aura sa plénitude qu'au moment où il n'y aura plus dans la société aucune hiérarchie d'un ordre quelconque : plus de patron par rapport à l'ouvrier, plus de propriétaire par rapport au colon et au fermier, plus de créancier par rapport au débiteur, plus de riche par rapport au pauvre, etc.

La liberté politique, à son tour, n'aura reçu

son plein épanouissement qu'à l'heure où l'action du souverain sera en réalité réduite à néant, et celle du citoyen, pleinement dégagée de la triple entrave du pouvoir législatif, du pouvoir judiciaire et du pouvoir coercitif. Avant ces jours heureux, le libéralisme aura toujours, dans la société civile, un aliment à son zèle et à son activité ; toujours il pourra gémir sur le sort des malheureux esclaves de l'oppression ; toujours il pourra se poser en bienfaiteur de l'humanité souffrante. Voilà ce qu'est le libéralisme à l'état de tendance. Voilà quel est son caractère générique ; voilà quel est le but final auquel il aspire forcément, fatalement : par sa nature même, c'est donc une pure négation, et non une doctrine.

Mais il est manifeste que les libéraux ne sauraient être unanimes à vouloir toutes les conséquences pratiques de leur principe : comment, en effet, pourraient-ils tous être d'avis que l'état social actuel est universellement vicieux et oppressif ? Il y a donc un libéralisme partiel ou modéré, et un libéralisme radical ; il y a un libéralisme indécis, flottant, sans but déterminé, et un libéralisme accusant avec netteté les objets divers de ses tendances destructives. Et de même qu'on juge d'une négation par la vérité ou la fausseté de ce qui est nié, ainsi on détermine la valeur morale de telle forme du libéralisme par la justice ou l'injustice des institutions qu'il attaque. Si donc il s'élevait uniquement contre l'oppression injuste et évidemment contraire à l'équité et au droit, il serait très-légitime et très-louable ; mais malheureusement nous n'avons pas à nous occuper ici de cette hypothèse.

Il reste, ce me semble, suffisamment établi qu'en passant de l'état de tendance pure, d'aspiration vague et indéterminée, à l'état systématique, le libéralisme se traduit nécessairement en des théories multiples et discordantes.

D'autre part, il n'est pas difficile de découvrir le principe qui vient déterminer ces différentes formes ; ce principe n'est autre que l'intérêt même de chaque parti, ou plutôt de chaque libéral ; et celui-ci proclame exclusivement sages les libertés adaptées à cette règle : et c'est ici surtout que la sagesse des uns est folie pour les autres.

Ainsi donc, il y a nécessairement autant de nuances diverses qu'il y a de libéraux, et l'on peut dire d'une manière à peu près universelle : Chaque libéral approuve et admet toute hiérarchie civile ou politique dont il serait le sommet, et il trouvera intolérable et contraire aux principes modernes celle dont il ne constituerait que la base. Voilà pourquoi les classes subalternes des villes entendent par liberté le bouleversement général de la société, et le nivellement de toutes les conditions.

Cette physionomie générale du libéralisme nous fait déjà entrevoir la forme particulière qu'il doit revêtir dans le domaine des choses de la religion ; et la source commune de la triple liberté civile, politique et religieuse, montre assez que celle-ci, comme les autres, et plus encore que les autres, doit être tout d'abord tenue pour suspecte. La réfutation du premier article, principe de toutes ces déductions, implique aussi celle des articles X et XI, que nous allons toutefois examiner spécialement : ici, en effet, il s'agit de ce qu'il y a de plus grave, de plus pernicieux dans ces fameux principes, fondement de ce qu'on nomme le droit moderne.

II

La liberté religieuse peut être envisagée sous un double aspect : dans l'ordre purement individuel et intime, et alors elle est nommée plus spécialement, surtout par le rationalisme contemporain, *liberté de conscience* ; dans l'ordre extérieur, public et social, et alors elle reçoit le nom de *liberté des cultes*. La première exprime les prétendues immunités de l'homme par rapport à la règle de foi ; la seconde affirme les droits des individus et de l'Etat dans le domaine des manifestations publiques de la croyance religieuse. Or, la liberté proclamée par la Déclaration embrasse ces deux aspects, c'est-à-dire la liberté de conscience et la liberté des cultes.

Si en effet nous examinons les articles soit en eux-mêmes, soit comme déductions de l'article premier, en nous bornant au seul domaine des doctrines religieuses, nous y trouverons cette double assertion : 1° Tout homme a la faculté de se former à son gré ses croyances religieuses ; 2° tout homme a en outre le droit de manifester et de propager ces mêmes croyances. Et cette double faculté, ou l'exercice de la liberté religieuse, ne peut être entravé par aucune mesure préventive ; de plus, elle ne saurait être passible d'aucune répression légale, qu'autant que l'ordre public, selon qu'il a été déterminé préalablement par la loi, serait troublé.

Ces articles reviennent donc à affirmer pour l'individu l'exemption légale de toute loi, ou au moins de toute autorité religieuse, et pour le pouvoir civil un certain droit de répression. Ce pouvoir aurait donc le jugement définitif des questions relatives au culte public : ainsi, après avoir nié et anéanti, autant que la chose était possible, le droit de l'Eglise, les constituants affirment aussitôt, bien que d'une manière hypocrite et perfide, le prétendu droit de l'Etat.

Mais d'après quel principe objectif ces règlements ou ces lois de répression seront-elles émises ? quelles seront les limites de ce droit de police ? Voilà ce que la Déclaration de 89 et les subséquentes n'indiquent point. Ce qu'elle veut bien faire connaître, c'est que tout croyant est astreint, dans l'ordre des manifestations religieuses et du culte, à ne point troubler « l'ordre public établi par la loi. » Or, ceci revient évidemment à dire que la liberté religieuse pourra s'exercer dans toute cette latitude que la loi civile voudra bien lui concéder. On voit donc hypocritement affirmé ici, sous prétexte de liberté individuelle, un droit absolu de réglementation dans les choses du culte public.

Ainsi, à côté de la pleine faculté concédée à tous de battre en brèche et de détruire le catholicisme, qui était alors religion d'Etat, on ouvre la porte à l'arbitraire du législateur, qui devient en réalité le seul pouvoir religieux. Il importe en effet de remarquer que la règle objective n'est pas même le bien commun, l'ordre public en lui-même ou l'harmonie réelle entre les divers éléments sociaux qui conspirent vers la fin commune ; cette règle est uniquement cet ordre factice, artificiel, déterminé par des lois positives, c'est-à-dire par la volonté ou le caprice des hommes qui exercent le pouvoir législatif.

Nous retrouvons donc dans ces articles cette double préoccupation qui forme le caractère propre du libéralisme : tendance théorique et pratique à débarrasser ou à dégager le libéral qui légifère de tous les liens et de tous les obstacles qui peuvent gêner sa libre action, et surtout sa libre ascension dans la hiérarchie sociale ; tendance secréte et dissimulée à enlacer et assujétir tout ce qui aspirerait à se soustraire à cette même action. Il n'est donc pas étonnant que cette liberté religieuse, proclamée en 1789, ait abouti si promptement à la constitution civile du clergé, aux décades, au culte de la déesse Raison, et enfin à ces effroyables massacres qui eussent fait frémir Dioclétien lui-même.

Telles sont les tendances, tel est l'esprit des principes ; il nous reste à étudier les doctrines en elles-mêmes.

CHAPITRE VII

LA LIBERTÉ DE CONSCIENCE

I

Le mot de liberté a de tout temps joué un grand rôle dans le monde ; toujours il a été l'instrument de la révolte, le prétexte des résistances au pouvoir et le motif de toutes les perturbations sociales ; il répond, en effet, à cet instinct secret et puissant que le péché a déposé en nous, et que Satan, dès l'origine, proclamait en disant : « *Non serviam* ».

Mais depuis le protestantisme, la liberté la plus célébrée est incontestablement celle que nous nous proposons d'examiner ici : « La liberté de conscience, dit M. Jules Simon (1), est certainement la plus né-

(1) *La Liberté de conscience*, introd.

cessaire de toutes nos libertés; elle est la condition et la source de toutes les autres... La question de la liberté de conscience sera donc toujours une question vitale pour toutes les sociétés, et son importance en morale et en politique ne fera que s'accroître avec le progrès de la civilisation. »

Pour tout catholique, cette question est bientôt résolue; il suffit pour cela de constater l'origine historique et rationnelle, et de manifester la nature intime de cette théorie rationaliste de la liberté de conscience.

Cette doctrine, en effet, envisagée dans son origine, n'est autre chose que le dogme fondamental du protestantisme, *le libre examen* dans le domaine des vérités religieuses ; et la différence que l'on peut établir entre l'erreur dérivée et la source elle-même, consiste réellement en un degré de perversité et d'aberration surajouté au point de départ.

Et il n'est pas difficile de justifier cette double assertion. Inutile ici de recourir à de hautes considérations théologiques et philosophiques ; les vérités élémentaires ayant été étouffées sous un déluge de phrases, de considérations étrangères, de déclamations sentimentales, il suffit de ramener la question aux proportions du bon sens ou à sa simplicité primordiale.

Le protestantisme a établi, comme son dogme fondamental et son mur de séparation radicale de l'Eglise, la doctrine du libre examen. Ce fait n'est révoqué en doute par personne; il est de notoriété publique (1): il n'y a donc pas lieu à accumuler ici des preuves historiques. D'autre part, il n'est pas moins évident que cette doctrine consiste — négativement — à répudier le pouvoir doctrinal de l'Eglise, ou à rejeter la règle prochaine et vivante de la foi, et — positivement — à conférer à chaque individu la faculté morale de se former ses dogmes religieux; elle admet, il est vrai, pour règle objective, la partie de la révélation positive contenue dans les saintes Ecritures. Cette erreur fondamentale du protestantisme implique donc une triple assertion : 1° l'Eglise

(1) Luther, *in Præfat. ort.;* Brentius, *in Confess. Wurtemb.;* Calvin, *lib. de Ins.,* c. IX, etc.

n'a aucun pouvoir doctrinal pour imposer des dogmes à la croyance des chrétiens ; 2° chaque fidèle a le droit et le devoir de se former à lui-même, par les seules lumières subjectives, toutes ses convictions religieuses; 3° dans cette détermination des dogmes il ne doit avoir d'autre règle que l'Ecriture-Sainte, séparée de la tradition divine.

Or, la liberté de conscience, telle que la définissent ses modernes partisans, implique les deux premiers caractères du libre examen protestant; de plus, elle élimine le dernier, c'est-à-dire fait abstraction de toute règle objective, soit prochaine et vivante, comme l'Eglise enseignante, soit éloignée et morte, comme l'Ecriture-Sainte.

Ecoutons Vattel, exposant la notion de la liberté de conscience : « Tout homme est obligé de travailler à se faire des idées justes de la Divinité, à connaître ses lois, ses vues sur ses créatures, le sort qu'elle leur destine..... Il faut qu'il honore Dieu dans toutes ses actions, qu'il témoigne, par les moyens les plus convenables, les sentiments dont il est pénétré. Ce court exposé suffit pour faire voir que l'homme est essentiellement et nécessairement libre dans la religion qu'il doit suivre. La créance ne se commande pas: et quel culte que celui qui est forcé? Le culte consiste dans certaines actions que l'on fait directement en vue d'honorer Dieu; il ne peut donc y avoir de culte pour chaque homme que celui qu'il croira propre à cette fin... Concluons donc que la liberté de conscience est de droit naturel et irrévocable. » On peut voir la même notion dans Puffendorf (1), Boehmer (2) et beaucoup d'autres.

M. Jules Simon, à son tour, développe amplement cette notion : commençant par se délivrer des lois de la logique, bonnes pour les esprits étroits du moyen-âge, mais peu compatibles avec les idées larges de notre époque, il entreprend une campagne au profit de la liberté de conscience; il se livre donc à ces considérations historiques, sociales, humanitaires, etc., dans lesquelles on ne considère que les rêves de sa propre imagination. Toutes les raisons ou preuves

(1) *De Habitu relig.*, § 33.
(2) *Jus Paroch*, s. I, c. II, etc.

rationnelles qu'il apporte, se trouvent dans ces paroles lumineuses de son introduction : « C'est comme créatures pensantes que nous portons la responsabilité de notre avenir ; et quand on étouffe la force de la pensée ou qu'on en contrarie le développement, on nous ôte du même coup le droit et les moyens de disposer de notre volonté. »

Inutile de discuter ces textes incohérents et emphatiques, et sans la moindre valeur doctrinale ; inutile de montrer les énormes confusions et les bévues psychologiques renfermées dans ces quelques lignes de Vattel et de M. Jules Simon. Il suffit donc de conclure immédiatement que la liberté de conscience, telle qu'on l'entend communément, implique : 1° négation de toute règle extérieure venant imposer à l'homme, par voie d'autorité, des dogmes et des croyances ; 2° le droit et le devoir pour chacun de se former ses convictions d'après les seules lumières subjectives, et de régler ses actes d'après ses convictions. Il y a donc identité manifeste entre la doctrine ancienne du libre examen et la doctrine plus moderne de la liberté de conscience ; et celle-ci renchérit encore sur l'autre, soit en faisant abstraction de l'Écriture-Sainte comme règle objective, soit même en niant positivement toute règle surnaturelle.

La seule différence qu'un catholique puisse invoquer en faveur de la nouvelle forme de la *libertas christiana* des réformateurs, viendrait de ce que la doctrine protestante était déterminée pratiquement en elle-même et dans les esprits, tandis que la théorie rationaliste de la liberté de conscience reste dans l'intelligence de ses partisans à l'état de tendance vague et indéterminée ; mais théoriquement et en elle-même, la doctrine dérivée est plus pernicieuse que la source elle-même. Il est donc impossible de méconnaître l'identité de ces doctrines : à ceux qui refusaient d'admettre des vérités palpables, un poète grec disait autrefois : « Si vous n'entendez point, ce n'est pas faute d'oreilles ».

II

Si maintenant nous envisageons la nature intime de cette doctrine, nous verrons qu'elle est en opposition manifeste : 1° avec le fait positif de l'institution divine d'un pouvoir doctrinal ou de l'Église enseignante, et ceci résulte suffisamment de ce qui vient d'être dit ; 2° avec le précepte et la nature de la foi.

La liberté de conscience, dans le sens des rationalistes, doit s'entendre d'une liberté morale, et non de la simple liberté psychologique, c'est-à-dire de la seule faculté physique d'agir ; on a vu précédemment que celle-ci ne peut être mise en question. D'ailleurs les auteurs indiqués ou cités plus haut, et avec eux la notion commune et vulgaire, démontrent suffisamment qu'il s'agit de l'ordre moral.

Or il est évident, pour un catholique, que la foi véritable est imposée à tous, sans exception, sous peine de la damnation éternelle, et que cette loi divine atteint directement l'acte intérieur lui-même et la conscience : en un mot, il y a précepte divin de croire intérieurement toutes les vérités révélées : *Qui non crediderit, condemnabitur* (1). Suarez (2) et de

(1) Saint Marc, XVI, V. 16.
(2) *De Fide*, disp. 13, sect. I.

Lugo (1) établissent amplement cette vérité, connue d'ailleurs des enfants, et qui n'est pas révoquée en doute par les protestants. Il est donc de la dernière évidence que l'homme n'est pas moralement libre de se former à son gré ses convictions religieuses, mais qu'il est obligé, par un précepte divin, de rendre ses croyances intimes conformes à la révélation extérieure ; et ainsi la révélation en elle-même est la règle universelle, la conscience est la chose réglée ou moralement liée et enchaînée par le précepte divin. Toute la liberté laissée à l'homme, c'est de recevoir avec docilité les enseignements de la révélation surnaturelle.

On ne peut, contre cette vérité incontestable et nécessaire, invoquer la liberté native de l'homme qu'en se rejetant de nouveau dans la grossière confusion entre la liberté physique et la liberté morale. L'homme reste physiquement libre de donner ou de refuser son assentiment aux vérités révélées, et ainsi

(1) *De Fide*, disp. 1 s. 8.

il peut ou se rendre coupable de transgression des lois divines et démériter, ou se soumettre à ces lois et par suite mériter; mais il ne saurait, dans l'exercice normal de sa liberté ou en réglant ses actes sur son devoir, refuser son assentiment aux dogmes que Dieu impose à sa croyance. Voilà des vérités élémentaires que l'ignorance la plus grossière des choses de la foi peut seule méconnaître.

A ce premier argument, tiré du précepte divin touchant les vérités à croire et à professer, vient s'ajouter une autre raison fournie par la nature même de la foi. Aucun chrétien ne peut ignorer que l'acte de foi, exigé de tout adulte comme une condition nécessaire au salut, est un acte surnaturel, c'est-à-dire impliquant le concours de la grâce divine; or, le concours surnaturel de Dieu, ou de la grâce (1), ne peut être accordé que pour des actes vrais « *ad solos assensus veros,* » comme dit de Lugo, c'est-à-dire exprimant les vérités telles qu'elles sont en elles-mêmes, ou selon qu'elles ont été réellement révélées.

(1) Lugo. *De Fide*, disp. 1, sect. 8.

Donc la foi nécessaire au salut n'est pas une conviction arbitraire, une persuasion quelconque, mais un acte intérieur exprimant en réalité, dans l'ordre intime et subjectif, ce que la révélation divine a exprimé dans l'ordre extérieur et objectif.

III

On a beaucoup parlé, dans ces derniers temps, de la liberté qui est intrinsèque à l'acte de foi; et certains catholiques, qui étaient à la recherche de quelques raisons en faveur d'un libéralisme rationaliste, se sont attachés à ce point comme à un argument décisif. Et ici, comme de coutume et selon l'usage du temps, ils se sont élevés à des considérations assez hautes pour ne plus rien discerner dans la question qu'ils voulaient résoudre ; mais il faut dire qu'en revanche le luxe des métaphores est venu compenser ce qui manquait en raisons.

L'acte de foi est effectivemen une opération libre ; cet acte étant l'objet d'un précepte et l'occasion de promesses, de menaces, de conseils, d'exhortations, etc., il faut bien qu'il soit au pouvoir de l'homme, aidé de la grâce divine. Il dépend donc de notre libre arbitre de croire ou de ne pas croire, d'obéir à Dieu ou de nous révolter contre lui ; mais il est manifeste que ceci ne saurait être entendu que de la liberté physique par rapport à l'observation d'une loi.

D'autre part, notre libre arbitre concourt à l'assentiment de foi : la volonté doit intervenir dans l'acte de foi, pour incliner l'intelligence à donner une adhésion ferme aux vérités révélées ; et ainsi cet acte est volontaire et libre.

Il n'en est pas des dogmes révélés comme des vérités qui ont l'évidence intrinsèque médiate ou immédiate, par exemple, le tout est plus grand que sa partie : ici l'assentiment de l'esprit est déterminé, d'une manière absolue et nécessaire, par la seule perspicuité de l'objet. Mais la certitude infaillible des vérités surnaturelles, reposant sur la véracité ou l'autorité de Dieu qui révèle, c'est-à-dire sur un motif extrinsèque à la vérité elle-même et un fait non perçu en lui-même, l'assentiment ne peut avoir lieu sans que la volonté intervienne en quelque chose. Cette faculté devra incliner l'intelligence, illuminée par la grâce divine et déjà disposée par la connaissance des motifs de crédibilité, à adhérer aux dogmes révélés. Et c'est en ce sens seulement que la liberté est dite intrinsèque à l'acte de foi : c'est toujours la liberté physique qui est en question, et nullement la liberté morale.

On ne sait donc ici ce que l'on doit plus admirer, ou l'étrange abus des notions théologiques, ou l'inexcusable ignorance de ces écrivains qui donnent la main au protestantisme contre la religion qu'ils veulent défendre. Il est bien étonnant, en effet, qu'un cœur vraiment catholique puisse être accessible à la séduction de semblables théories ; tous les vrais enfants de l'Eglise, au lieu de se torturer l'imagination pour trouver les fondements chimériques d'une doctrine impie, ne devraient-ils pas, au contraire, prendre acte des aveux candides du rationalisme contemporain? « Vous n'attendez pas de moi une démonstration, dit M. Jules Simon dans sa dernière leçon (1) ; la liberté de conscience *est au-dessus de la preuve.* »

(1) *La Liberté de conscience.* p. 287

CHAPITRE VIII

LA LIBERTÉ DES CULTES

I

M. Guizot, dans un ouvrage qui a eu un certain retentissement (1), signalait, il y a quelques années, les dangers qui, selon lui, menacent le christianisme, non moins que l'ordre social. Il flétrit avec indignation et les entreprises iniques de la révolution italienne contre la Papauté, et beaucoup d'erreurs contemporaines : mais ces événements et ces aspirations, dont l'homme d'État ne peut s'empêcher de reconnaître les suites désastreuses, n'ont pas la vertu de lui ouvrir pleinement les yeux ; et il va chercher dans la liberté religieuse protestante, c'est-à-dire dans la sup-

(1) *L'Eglise et la société chrétienne.*

pression de tout pouvoir doctrinal, le remède à tous les maux. Spectacle vraiment étrange ! le publiciste protestant entrevoit les effets funestes et anti-sociaux des maximes de la réforme, et il croit pouvoir, à l'aide de ces mêmes maximes, consolider les sociétés chancelantes !

D'après l'illustre écrivain, le principe de la liberté religieuse « contient et confère un triple droit : Le droit, pour les individus, de professer leur foi et de pratiquer leur culte, d'appartenir à telle ou telle société religieuse, d'y rester ou d'en sortir ;

« Le droit, pour les Églises diverses, de s'organiser et de se gouverner intérieurement selon les maximes de leur foi et la tradition de leur histoire.

« Le droit pour les croyants et pour les ministres des Églises diverses, d'enseigner et de propager, par les moyens d'influence intellectuelle et morale, leur foi et leur culte (1). » La liberté religieuse, ainsi entendue, est précisément le point qu'il nous

(1) Page 43.

reste à examiner touchant les immortels principes de 89.

D'abord il demeure acquis, ce me semble, que la liberté de conscience est en opposition flagrante avec la volonté positive de Dieu et la nature de la foi chrétienne. Il ne serait pas difficile en outre d'établir, contre les rationalistes, qu'elle détruit les vrais fondements de la moralité : ne fait-elle pas en effet de l'homme lui-même, et non de Dieu, la source première et l'origine unique de toutes les obligations morales ? Mais il est inutile d'accumuler contre cette théorie les raisons qui en démontrent l'inanité ; des esprits incapables de suivre un raisonnement et d'examiner une doctrine, pourraient seuls trouver en celle-ci quelque chose de spécieux.

Or, la liberté des cultes, avec tous les droits qu'elle contient, d'après M. Guizot, repose sur la liberté de conscience, comme sur son principe fondamental et nécessaire. Si l'indépendance native et inamissible de l'homme implique la liberté dans l'ordre intime des convictions, elle doit exiger bien plus impérieusement la liberté des cultes, dans l'ordre extérieur ou des manifestations; celle-ci en effet n'est que le signe, tandis que l'autre est la chose signifiée. Aucun esprit un peu attentif ne saurait donc, après avoir constaté ces rapports, méconnaître que cette liberté est à son tour très-suspecte, surtout quand on la proclame un droit strict de l'individu et de toute société.

Et c'est ici principalement que toutes les notions ont été confondues, qu'on a enveloppé la question de nuages et de ténèbres, afin de pouvoir mettre l'erreur sur le même pied que la vérité; que les rapprochements forcés, les déclamations ineptes contre l'intolérance religieuse ont tenu lieu de preuves.

II

On peut, dans toute cette controverse, se borner à établir deux vérités capitales, qui suffisent certainement à débrouiller toutes les équivoques, à résoudre toutes les difficultés, et à justifier toutes les conclusions particulières contre certaines erreurs subordonnées :

1° L'homme n'a aucun droit à la libre manifestation

de ses croyances et de ses idées, lorsque celles-ci sont erronées; de plus

2° Il est astreint, par un devoir rigoureux et absolu, à rendre à Dieu le vrai culte exigé par cette souveraine Majesté.

Pour faire pleinement ressortir l'évidence de la première assertion, il suffit d'invoquer un principe dont personne ne contestera la légitimité : Si un acte intérieur est illicite et coupable, sa manifestation extérieure ne saurait être moralement légitime et permise.

L'acte extérieur, en effet, n'est rien autre chose que l'extension et l'épanouissement de l'acte intérieur; et les puissances corporelles et exécutives qui concourent à celui-ci, sont purement et simplement mues par l'impulsion de la volonté : ce sont des instruments aveugles et irresponsables. Il est donc facile de voir que cet acte imposé aux facultés subalternes n'a pas et ne saurait avoir une moralité autre que celle de l'acte intérieur, et surtout que celui-ci ne peut-être licite devant Dieu si celui-là est coupable.

L'homme n'a donc aucun droit à la manifestation

de l'erreur et de convictions contraires à la vérité. Le droit ici serait la faculté morale d'émettre un acte objectivement immoral, ce qui implique contradiction dans les termes, non moins que dans les choses exprimées. Et je n'insisterai pas même sur le dommage qui peut être causé au prochain par cette affirmation réelle et publique de doctrines erronées ; aucun homme assurément n'a le droit de tromper un autre homme, surtout quand il s'agit d'une matière aussi grave que la vérité religieuse : ici la déception peut causer un préjudice irréparable, la perte du bien essentiel.

D'autre part, la règle primordiale et suprême des actions humaines est la volonté de Dieu, en tant que Législateur souverain. C'est là un principe admis, non-seulement par les théologiens catholiques, mais encore par tous les jurisconsultes ou légistes sérieux (1), et même par les philosophes païens, comme Platon, Aristote et Cicéron.

Or, cette loi éternelle, règle des actes humains,

(1) Domat, *Traité des lois*, ch. I.

intérieurs ou extérieurs, n'est pas changée parce qu'une pensée erronée passe chez tel individu à l'état de conviction arrêtée ; elle n'est pas détruite parce que l'homme la méconnaît ; elle ne cesse pas d'être obligatoire parce que tel sujet en altère la vraie notion dans son esprit. Donc, qu'une doctrine fausse, soit conviction ou non, l'acte extérieur, non moins que l'acte intérieur, restera en désaccord avec la loi ; il sera simplement illicite en soi, bien qu'à cause de l'ignorance il puisse parfois être plus ou moins excusable. Et aucun pouvoir humain ne saurait le légitimer.

III

Non-seulement l'homme n'a aucun droit, originaire ou acquis, à la libre manifestation de l'erreur, et de tout ce qui, dans l'ordre spéculatif ou pratique, est contraire à la loi éternelle ; il est de plus astreint, par le devoir le plus strict et le plus essentiel, à rendre à Dieu le véritable culte extérieur, c'est-à-dire à l'expression vraie, légitime et approuvée ou authentique du culte intérieur.

D'abord, qu'il doive à Dieu un culte extérieur, voilà ce que la raison enseigne avec une pleine évidence. L'homme, en effet, à titre de créature, est dans son être, ainsi que dans tout ce qu'il fait et ce qu'il possède, sous la dépendance essentielle et totale de Dieu : a-t-il quelque chose qu'il ne tienne pas de la bonté et de la puissance du Créateur? Aussi, l'Esprit-Saint nous dit-il par l'organe de saint-Paul : « Qu'avez-vous donc, que vous ne l'ayez reçu? Et si vous avez tout reçu, pourquoi vous glorifiez-vous comme si vous n'aviez point reçu (1)? »

Ce lien de dépendance qui nous relie à Dieu, embrasse donc l'homme tout entier et tout ce qui est à l'homme : l'ordre créé est, dans l'acception la plus rigoureuse et la plus universelle du mot, « *res Domini.* » Et voilà un rapport de subordination qui repose sur l'essence même des choses, et par suite que la nature suffit à enseigner ou à révéler ; voilà un rapport de dépendance qui lie absolument un être raisonnable ou apte à connaître cette relation, obvie du reste en soi et accessible à toute intelligence

(1) I Cor., VI; 7.

droite ; voilà enfin un rapport qui exige de l'homme, en stricte justice, des actes de reconnaissance envers son souverain bienfaiteur.

Or, l'ensemble de ces actes constitue précisément ce qu'on nomme le culte. Ainsi rendre à Dieu un culte revient simplement à reconnaître l'excellence infinie de Dieu, qui se communique, et se manifeste à nous par ses bienfaits, et à exprimer notre dépendance et notre soumission absolue (1).

La raison finale du culte est l'excellence infinie de Dieu, premier principe de toutes choses; le fondement de notre obligation à rendre un culte à cette majesté suprême, consiste dans notre dépendance essentielle de l'être et de tous les biens que nous avons reçus. Et ce n'est que par un motif analogue à celui qui nous oblige d'adorer Dieu que nous sommes tenus d'honorer nos parents. Le culte est donc le tribut obligatoire que toute créature raisonnable doit au Créateur ou au premier principe de tout ce qui existe ; c'est le mode réel et du reste le seul mode possible de reconnaître

(1) Lessius, *De just. et jure,* I. II, c. 35, d. I ; Suarez, *De ver.*

et d'exprimer le droit de propriété de Dieu sur nous.

Mais ce fondement de notre obligation montre d'abord que nous devons à Dieu un culte *intérieur*, puisque notre âme, avec toutes ses facultés est un don de Dieu ; il montre ensuite que nous devons à Dieu un culte *extérieur*, puisque notre corps, avec toutes les puissances corporelles et les biens extérieurs, sont un bienfait de Dieu ; enfin, il montre aussi avec la même évidence que l'homme doit à Dieu un culte *public et social*. La société, comme telle ou comme personne morale, n'est pas quelque chose d'indépendant du dominateur suprême ; envisagée soit dans ses éléments, soit quant à son origine, est-elle autre chose qu'une pure créature? Donc l'ordre social, en tant que subordonné et dépendant, en tant que bienfait et propriété du Créateur, doit aussi reconnaître et attester son assujettissement et sa soumission.

De ces vérités, si simples et si élémentaires, on doit conclure que l'État, comme tel, est astreint à rendre à Dieu le vrai culte, et que l'ordre politique n'est point affranchi de la domination du souverain Seigneur, et soustrait à toutes les lois de l'ordre moral et religieux : l'autonomie absolue de l'État est un pur athéisme spéculatif et pratique.

De cette conclusion, ainsi que des principes établis, nous pouvons passer légitimement à une autre déduction plus spéciale encore. Si d'un côté l'erreur n'a pas et ne peut avoir d'existence juridique, si d'autre part l'homme doit à Dieu un culte extérieur, public et social, il faut nécessairement admettre que la société, comme l'indvidu, est astreinte à la manifestation extérieure et vraie des rapports essentiels de la créature raisonnable à Dieu ; c'est comme personne morale qu'elle est assujettie au devoir de rendre à Dieu le culte véritable et authentique qu'il exige de l'homme. Ainsi, il est absolument faux « que l'Église doive être séparée de l'État, et l'État de l'Église (1). »

(1) *Syllab.*, 53e proposition condamnée.

V

Quel est le véritable culte que l'homme doit à Dieu ? D'après la théorie rationaliste, il serait livré à l'arbitraire de chaque individu ou de chaque société particulière ; il n'y aurait donc aucune religion exclusivement vraie, aucune révélation positive, du moins certaine et obligatoire, aucune société religieuse spécialement investie d'un pouvoir divin, à l'exclusion de toutes les autres.

Voilà ce qui est supposé, au moins pratiquement par le principe de la liberté des cultes ; et voilà ce que M. Guizot lui-même, malgré toute la sagacité et l'élévation de son esprit, admet sans examen, soit comme vérité incontestable et primordiale, soit comme postulatum nécessaire ; il serait même plus vrai de dire que cette doctrine est chez lui à l'état de préjugé inné et instinctif, et non à l'état reflexe. Or, ceci constitue précisément la question qu'il devait examiner, et que tous les rationalistes, avant de s'élever contre l'Eglise de Jésus-Christ, devraient au moins essayer de résoudre.

Il est donc nécessaire d'atteindre encore cette erreur directement et en elle-même. L'entreprise, du reste, n'est pas en soi très-ardue : la simple exposition de la vérité emporte ici sa preuve et dissipe toutes les difficultés et tous les nuages. Une seule condition est requise, peut-être plus facile à admettre en théorie qu'à réaliser pratiquement : il faut, pour étudier et comprendre cette doctrine, des hommes qui veuillent bien faire usage de leur raison, et qui, dans leurs jugements, ne soient pas à la remorque de l'imagination, du caprice et d'un entraînement aveugle. Serait-ce trop exiger des rationalistes contemporains et de leurs imprudents alliés?

Voici d'abord une première vérité, que la raison naturelle suffit à démontrer, et qui saisit d'elle-même tout esprit attentif : *une seule* religion, à l'exclusion de toutes les autres, peut être la vraie religion,

Les religions, en effet, ne sont diverses que par les contradictions qu'elles renferment touchant les choses réputées nécessaires. Si l'une ne rejetait pas ce que l'autre admet, si les doctrines professées et les moyens exigés comme obligatoires étaient identiques, toute distinction réelle cesserait. Ainsi, la diversité des religions vient uniquement de ce qu'elles se contredisent dans des vérités ou des moyens pratiques, considérés comme essentiels ou absolument nécessaires : les opinions libres et les choses facultatives ne peuvent être ici le fondement et la cause de l'opposition et de la multiplicité.

Mais la vérité, qui ne peut être opposée à elle-même, ne saurait se trouver à la fois dans les contradictoires : voilà ce que les logiciens enseignent depuis qu'il y a une logique, et ce que le bon sens proclamera aussi longtemps qu'il aura droit de cité sur la terre. Il est donc impossible qu'il y ait plusieurs religions vraies, ou professant les unes et les autres toutes les vérités nécessaires, et contenant tous les véritables moyens de conduire l'homme à sa fin.

Il importe de ne pas oublier que la négation d'une seule vérité nécessaire, ou l'abandon, l'ignorance et la suppression d'un seul moyen essentiel suffit pour qu'un culte soit réputé absolument faux. Il ne peut en effet avoir aucune réalité qu'autant qu'il sera un moyen apte à atteindre la fin de la société religieuse; or, si un élément essentiel ou nécessaire venait à faire défaut, il est manifeste qu'il n'est plus qu'un moyen fictif ou apparent, et par là même inefficace.

Il résulte de ces considérations qu'une seule religion peut avoir une existence juridique; toutes les autres sont illégitimes et pernicieuses: illégitimes comme attentatoires aux droits de Dieu, auquel serait dénié le tribut réel qu'il exige de sa créature; pernicieuses, en tant que souverainement nuisibles à l'homme, qu'elles écartent de la voie qu'il doit suivre pour atteindre sa fin dernière.

V

La première assertion qui vient d'être établie, et que les seules lumières naturelles de la raison suffisent à rendre pleinement évidente, nous conduit à cette autre: Dans l'ordre actuel de la providence, une religion *surnaturelle* peut seule être la vraie religion. Ce point ne peut être révoqué en doute par ceux qui admettent la révélation positive, et reconnaissent que l'homme, par un bienfait gratuit de Dieu, a été ordonné à une fin et à un état surnaturels. Dans cette hypothèse, l'ordre positivement et exclusivement voulu de Dieu, est l'ordre surnaturel ; et l'homme qui aurait la prétention stupide de vouloir demeurer dans un état purement naturel, s'efforcerait de résister à cette volonté positive de Dieu, de se séparer de Dieu, de revendiquer des droits contre Dieu et ses bienfaits. Ce serait donc simplement un sujet rebelle et dévoyé, un sujet ingrat et réprouvé.

Tout rationaliste doit au moins avouer qu'on ne saurait admettre la révélation positive, sans tenir pour illégitime toute religion purement naturelle. Pour nier cette conséquence, il faudrait être libéral jusqu'à l'entier abandon et au sacrifice de la raison elle-même. Aussi une controverse sur ce point, contre les partisans du pur naturalisme, ne peut-elle être régulière, précise et sensée, qu'autant qu'elle roulera uniquement sur cette question historique : existe-t-il une révélation divine universelle, c'est-à-dire s'adressant à tout le genre humain ? « *Euntes in mundum universum, prædicate evangelium omni creaturæ* (1). »

Enfin, voici une dernière vérité bien plus incompatible encore avec le principe de la liberté des cultes : cette religion surnaturelle unique est celle qu'enseigne et professe l'*Eglise catholique romaine*, ou, en d'autres termes, la vraie religion envisagée comme institution extérieure et sociale, n'est autre chose que l'Église catholique romaine. Cette Église, en effet, se présente au monde comme la seule société surnaturellement instituée de Dieu, comme l'unique moyen pour l'homme de parvenir au salut éternel. De là cette maxime vulgarisée dans tous les catéchismes : hors de l'Église, point de salut.

Elle établit son droit exclusif en produisant ses titres et sa charte authentique d'institution par le Fils de Dieu; elle fait appel à tous les motifs de crédibilité pour convaincre les hommes droits et sincères. Nous supposons ici cette vérité de foi catholique établie par les théologiens, en renvoyant les

(1) S. Marc. XVI, 15.

incrédules aux éloquentes conférences du **R. P. Félix** et à tant d'autres écrits sur cette matière.

Or, s'il en est ainsi, l'Eglise catholique romaine ne saurait évidemment admettre le principe de la liberté des cultes qu'en se détruisant elle-même, qu'en niant sa légitimité exclusive, sa mission spéciale, son origine et son institution divine, et qu'en affirmant d'une manière positive qu'elle n'est pas plus vraie que toutes les autres sociétés religieuses. Il est donc évident pour tout catholique que le principe de la liberté des cultes dénie absolument à la véritable Église toute existence juridique proprement dite: cette existence ne serait plus que de droit humain, ou une concession bénévole du pouvoir politique. Manifestement ce principe renverse d'un seul coup tous les dogmes particuliers touchant la nature et les prérogatives de l'Église ; il est en opposition avec la volonté formelle de Dieu, et même avec la loi naturelle.

Tous les hommes pris individuellement, et chaque société comme telle, loin d'être libres dans le choix de la religion ou du culte, sont donc obligés, par un précepte divin d'embrasser la religion catholique romaine, et de se soumettre à sa doctrine et à ses préceptes. Aussi le Chef de l'Eglise a-t-il flétri, dans le *Syllabus*, les propositions suivantes : « A « notre époque, il n'est plus opportun que la religion « catholique soit considérée comme l'unique reli- « gion de l'Etat, à l'exclusion de tous les autres cul- « tes. C'est donc avec raison que, dans certains « pays catholiques, la loi a pourvu à ce que les « étrangers qui s'y rendent, y jouissent de l'exer- « cice public de leurs cultes particuliers. (1) »

VI

De cette doctrine générale jaillit naturellement une question pratique, un cas de conscience touchant le *fait* de la liberté des cultes chez telle ou telle nation catholique. La *Civilta cattolica*, avec la précision doctrinale, la netteté d'exposition et le tact parfait qui caractérise cette savante Revue, a fourni au-

(1) Prop. 77, 78.

trefois sur ce point les principaux élements de la véritable solution. Il suffira donc ici de rappeler que le principe : « *Ad impossibile nemo tenetur,* » et ce principe seul, peut excuser les gouvernements aux yeux de Dieu. Et comme les difficultés et les obstacles sont divers, selon les différentes nations ; comme les ennemis de la foi et les moyens dont ils disposent sont plus ou moins nombreux et puissants dans telle ou telle société politique, il faut dire qu'on ne saurait porter sur tous les États catholiques de l'Europe un jugement uniforme.

D'abord il y a une grande différence entre le gouvernement qui apostasie lui-même et rejette la vraie religion, qui jusque-là avait été la religion de l'Etat, et celui qui tolère, subit ou maintient un ordre de choses préexistant. L'histoire, et à cette heure les événements d'Espagne montrent assez que, dans le premier cas, les gouvernements ne subissent pas, mais la plupart du temps exercent, au contraire, une pression violente pour introduire la prétendue liberté religieuse.

Dans le second, il n'est pas toujours facile de déterminer dans quelle mesure le principe *necessitas non habet legem* se vérifie ou se réalise. Et alors, tout jugement sur la responsabilité morale de tel prince, exigeant une connaissance parfaite des obstacles, sera toujours chose très-délicate : aussi un particulier doit-il, ce me semble, s'abstenir de censurer lui-même, et attendre l'appréciation de l'Église et de son Chef.

Et je ferai remarquer, en terminant, que les articles 77, 78, 79 du *Syllabus*, bien que rappelant le précepte divin et sa force obligatoire pour tous les temps, ne constituent pas toutefois une décision touchant le fait particulier, *il fatto particolare* (1) . ou n'atteignent pas, en lui-même, l'état actuel des choses chez telle ou telle nation, pour le condamner, sans aucun examen ultérieur des circonstances.

(1) Dépêche explicative de S. Ém. le Cardinal Antonelli.

CHAPITRE IX

LES PETITS PRINCIPES.

§ 1. — *Les droits imprescriptibles.*

I

Le deuxième article de la Déclaration est ainsi formulé : « Le but de toute association politique est la conservation des droits naturels et imprescriptibles de l'homme. Ces droits sont : la liberté, la propriété, la sûreté et la résistance à l'oppression. »

Cet article renferme deux parties, dont la deuxième est le développement et l'explication de la première. Or la première, prise dans sa généralité,

1° Déplace et restreint la cause finale de la société politique ; cette société a pour but de faciliter à l'homme l'acquisition des biens temporels, c'est-à-dire des biens extérieurs de l'ordre présent. Or l'exercice des droits propres, est, à la vérité, un de ces biens de l'ordre temporel ; mais là ne se borne point la mission de la société ; le pouvoir social a pour but direct de faciliter à tous les citoyens l'accès aux biens de la vie présente, auxquels ils pourront légitimement aspirer ;

2° Elle est en opposition avec la division admise et évidente des droits, en droits originaires ou primitifs et en droits acquis. La société n'a pas seulement pour but de conserver à chacun la possession des droits naturels, mais encore de protéger et de maintenir les droits acquis;

3° Elle est en opposition avec la distinction des droits et des devoirs ; la notion et l'observation du devoir restent absolument étrangères à la cause finale de toute association politique.

La deuxième partie énumère ces droits naturels et imprescriptibles. Pour ce qui est du droit de propriété et de sécurité, l'article affirme légitimement qu'ils doivent être comptés au nombre des droits naturels que la société a le devoir de protéger. Seulement il est à remarquer que la sécurité pour les personnes rentre dans le premier des droits énumérés, la sécurité pour les biens dans le deuxième.

Mais il n'y a pas lieu à insister sur ce point. Notre attention doit donc se porter exclusivement sur le premier et le dernier de ces droits naturels. D'abord, pour ce qui est de la conservation de la liberté, nous voyons que cet article se prête à toutes les équivoques que nous avons signalées plus haut touchant la nature de la liberté. Il résulte donc du principe démontré que la société a pour mission de faire respecter la liberté, non en tant que celle-ci s'affranchirait de toute loi morale, mais en tant qu'elle s'exerce conformément au droit naturel, au droit divin positif et au droit civil. Si donc elle tendait, par des actes extérieurs, à violer le droit, la société aurait pour devoir de le faire respecter.

II

Et pour ce qui est du dernier des droits énumérés, c'est-à dire « la résistance à l'oppression » il faut remarquer:

1° Qu'il n'y a aucun parallélisme entre les autres membres de cette énumération et celui-ci : Si la liberté, la propriété et la sécurité sont garanties, il n'y a pas d'oppression ; par conséquent ce dernier membre est au moins inutile et redondant.

Mais ici une singulière préoccupation révolutionnaire fait commettre une lourde bévue et oublier l'état général de la question.

Tout ce manifeste en lui-même tend à indiquer la loi de formation d'une société politique, et suppose que l'état originaire de l'homme est l'état d'isolement, de dispersion absolue, et l'autonomie individuelle prise rigoureusement. Et partant de cette théorie de Rousseau, il affirme qu'un des droits naturels de l'homme est la résistance à l'oppression ; ainsi le but primordial qui fait constituer une société, c'est-à-dire ramène à l'unité des éléments dispersés et par suite constitue un pouvoir, c'est la résistance aux empiètements de ce même pouvoir. Et d'autre part comme la société n'agit que par le pouvoir, le propre de celui-ci sera donc de résister à lui-même quand il deviendra oppresseur.

Cet article conduit donc logiquement à deux conclusions assez curieuses : le but primordial de l'association, c'est d'empêcher les inconvénients de l'associatiation ;

Le but primordial du pouvoir, est d'empêcher les abus du pouvoir.

Mais supposons ici que les législateurs ont voulu parler d'un droit et d'un devoir affectant le corps de la nation, ou l'élément matériel de l'être social, la multitude, et examinons ce droit naturel et imprescriptible.

Assurément, la véritable tyrannie ou l'extorsion violente et la suppression injuste des droits certains, soit naturels, soit acquis, peut provoquer et légitimer la résistance. Mais ce droit de résister, qui dérive de celui de posséder, de conserver, etc., est donc quelque chose d'accidentel, et le résultat d'une perturbation volontaire et injuste dans la jouissance et l'exercice légitime des drois primordiaux et certains ; et ainsi il peut constituer un droit dérivé de droits primordiaux, mais ne peut figurer en aucune sorte parmi ceux-ci.

III

Ensuite, tout esprit un peu sérieux remarquera la souveraine imprudence des législateurs qui font, comme par acte souverain, un appel public et permanent à la révolte, en proclamant comme un droit fondamental et imprescriptible de l'homme la résistance à l'oppression. Rappeler ce droit de résistance, le proclamer sans indiquer en aucune sorte les circonstances très-rares et exceptionnelles dans lesquelles il peut exister, en rendre l'exercice légitime, est au moins une imprudence de langage, qui tend à ébranler toute souveraineté.

Il suffit donc de signaler ce point à l'attention, de l'indiquer aux hommes d'État, et même à tout homme de sens et d'intelligence, en demandant aux uns et aux autres s'ils voudraint rappeler au peuple ce prétendu droit naturel et imprescriptible, lorsqu'ils sont eux-mêmes à la tête des affaires ; un gouvernement quelconque serait-il possible dans une société dont tous les membres reconnaîtraient pour dogme fondamental et pour premier devoir la résistance à l'oppression.

Qu'est-ce que l'oppression et qui en déterminera les caractères ? Il est évident qu'on fait ici de la multitude elle-même le jury qui prononce sur le fait et le droit; et la révolte, pour motif d'oppression, n'est autre chose en soi que l'exercice de ce devoir primordial et le jugement authentique du jury compétent dans cette matière. Et ainsi toute révolution politique est légitime par le seul fait qu'elle est couronnée par le succès ; le fait implique le droit, puisqu'il constitue la sentence effective du juge compétent.

§ 2. — *Séparation des pouvoirs publics.*

I

Les partisans de la liberté politique réclament cette séparation comme préservatif indispensable contre la tyrannie, et par suite comme un élément essentiel de toute constitution sociale (1).

Tout le monde connaît là-dessus l'opinion de Montesquieu et les pauvres arguments sur lesquels il l'appuie ; et cette thèse du prétentieux et frivole légiste a été tellement répétée qu'elle a fini par être érigée en principe.

D'autres écrivains repoussent cette séparation dans la crainte d'affaiblir le pouvoir et de lui enlever la force nécessaire pour remplir sa mission et maintenir l'unité sociale. On voit donc par cette opposition de sentiments que ces théories ont pour but direct ou d'affaiblir ou de fortifier le pouvoir public.

La révolution, qui tend à détruire toute souveraineté, doit préconiser la doctrine de Montesquieu, attendu qu'une autorité débile et sans force prépare le triomphe de l'anarchie : et voilà sans doute pourquoi l'article XVI de la Déclaration érige cette théorie en dogme fondamental de l'ordre social. Ceux qui au contraire ne redoutent rien tant que la révolution,

(1) Art. XVI de la déclaration. Toute société dans laquelle la garantie des droits n'est pas assurée *ni la séparation des pouvoirs déterminée, n'a point de constitution.*

c'est-à-dire les perturbations dans l'ordre matériel, sans trop se préoccuper de la justice et du droit, ne songent qu'à fortifier le pouvoir, source unique, selon eux, de l'ordre public et de l'unité sociale.

On voit par ce simple coup d'œil sur ces sentiments opposés que de part et d'autre on pèche par exagération : des deux côtés on se place à un point de vue étroit et exclusif. La question en effet est complèxe et réclame quelques distinctions indispensables : elle peut être examinée soit au point de vue du droit absolu, soit au point de vue pratique ou de l'exercice du droit.

Sous le premier rapport, il est évident que la séparation des pouvoirs politiques n'est point nécessaire. Aussi Romagnosi, bien que partisan du faux libéralisme, avoue-t-il que Montesquieu substitue à l'unité sociale un certain manichéisme, et introduit dans le gouvernement politique un dualisme qui détruit l'unité des pouvoirs et des volontés, « *l'unità dei voleri è dei poteri* » (1)

(1) Jurispr. théor. l. VII, c. 2.

Il est facile de justifier cette affirmation : il n'y a pas de société civile concrète sans unité réelle ; or l'unité réelle n'est pas possible si le principe même de cette unité est multiple. Mais ce principe réel de l'unité sociale est le sujet du pouvoir : si donc il y avait, dans ce pouvoir à l'état concret, multiplicité irréductible, si un parallélisme absolu existait entre divers organes de la souveraineté, où trouverait-on le principe de l'unité sociale ?

Sera-ce dans l'harmonie et l'union morale des pouvoirs ? Mais alors quel sera le principe de cette harmonie et de cette union morale ? Si cette union n'a pas de principe fixe, l'unité pourra tout au plus être fortuite et accidentelle ; jamais elle ne sera fixe et stable, autrement il y aurait un effet sans cause.

Si donc l'unité sociale est nécessaire, si cette unité a sa source et son principe dans l'unité du pouvoir, il faut que cette unité soit constante ; l'unité des pouvoirs politiques doit par conséquent être rendue stable, fixe et nécessaire dans l'unité du sujet de la souveraineté, sujet qui d'ailleurs peut consister en une personne physique ou en une personne morale.

Les raisons alléguées par Montesquieu et ses partisans sont fondées sur un principe faux : ce postulatum consiste à affirmer qu'un sujet unique de la puissance suprême ne peut tendre au bien commun, attendu que tout pouvoir est, selon eux, par sa nature même, oppressif et égoïste. De là ces auteurs concluent que l'autorité souveraine doit être, en vertu de sa constitution organique, placée dans l'impossibilité de suivre les penchants de sa nature mauvaise.

Si en effet le pouvoir était essentiellement oppressif, tyrannique et injuste, il faudrait que la société fut armée suffisamment contre les dangers dont elle serait menacée de ce côté. Mais il est évident que l'hypothèse est fausse : elle pose comme vicieux en soi et absolument ce qui, dans son essence, est bon et nécessaire : accidentellement, il peut causer des perturbations sociales et tourner parfois au détriment des membres de la société; ceci vient, non de la chose elle-même, mais uniquement du mauvais usage qu'on en fait.

II

Mais si nous considérons ces pouvoirs, non plus quant à leur nature intime et à ce prétendu parallélisme absolu qui serait requis, mais quant aux simples conditions de leur bon exercice, nous verrons qu'ils réclament, non l'affranchissement de toute action directive supérieure et une en soi, mais l'exercice par des personnes distinctes.

Il ne s'agit donc plus ici de l'indépendance juridique des différents pouvoirs entre eux ou de la séparation formelle, mais de ce qui peut résulter des exigences de mécanisme administratif. Ainsi donc les pouvoirs, bien que concentrés juridiquement dans les mêmes mains, exigent, pour être exercés avec plus de perfection, des instruments divers. C'est pourquoi il peut y avoir pour le souverain une obligation morale d'employer aux différentes fonctions administratives des personnes distinctes, tout en avisant au moyen de conserver efficacement l'unité gouvernementale.

D'abord il est manifeste que ces fonctions politiques exigent des sujets propres à agir convenablement chacun dans son ordre, sous l'influence et l'action de l'autorité suprême. Or, le bon exercice de ces pouvoirs réclame certaines qualités qui se trouvent difficilement dans une même personne : il faut des spécialités dans chacune des branches administratives.

D'autre part, cette multiplicité dans ces rouages surbordonnés qui exercent certaines fonctions politiques ou civiles, suffit habituellement pour prévenir et empêcher les abus, les injustices graves, les excès de pouvoir, etc. Ces précautions, jointes à la voix de la conscience et aux dangers que feraient naître l'iniquité et l'arbitraire, garantissent en général la subordination de la force matérielle à l'ordre moral. Et selon que la religion et la conscience ont plus d'empire dans une société, la multiplicité des rouages administratifs et la séparation ou distinction du pouvoir sont moins nécessaires. Le sentiment de la justice fait contrepoids à l'égoïsme individuel, qui pourrait jeter le souverain dans les voies de l'oppression et de la violence.

Le lien qui ramène à l'unité les diverses fonctions politiques doit donc être plus ou moins relâché, selon qu'une société est moins accessible pratiquement à l'influence de la religion, et plus livrée à celle des passions basses et cupides. Quand le principe naturel d'équilibre, le sens moral et la conscience, fait défaut, il est nécessaire de recourir à un moyen artificiel et extrinsèque; il faut chercher dans l'opposition des intérêts une garantie contre l'intérêt exclusif : alors cette séparation plus ou moins complète quant à l'exercice, et même un certain antagonisme, peuvent devenir l'unique ressource des subordonnés.

Lorsqu'une société tourmentée se trouve jetée dans une situation anormale et violente, la distinction même juridique ou légale du pouvoir peut devenir transitoirement nécessaire, comme mesure médicinale. Toute cette question dépend donc de l'état moral de la société et de l'honnêteté du possesseur actuel de la souveraineté.

On peut dire d'une manière absolue qu'une bonne organisation du pouvoir politique doit réaliser l'unité gouvernementale et administrative, et en même temps l'équilibre des intérêts plus ou moins en collision. Le principe démocratique qui ne sait voir pour l'homme que le bien-être matériel et l'affranchissement de toute contrainte extérieure, réclame sans cesse de nouvelles séparations; le despotisme au contraire a horreur de toute division de pouvoir et même de toute distinction. Et aucun moyen artificiel ne sera jamais capable de mettre pleinement en harmonie ce double courant d'aspirations contradictoires. Le véritable principe pondérateur, principe naturel et absolu, qu'aucun moyen mécanique ne saurait remplacer, est le sentiment de la justice, la conscience et la religion.

A mesure donc qu'on s'écarte des lois éternelles imposées par Dieu aux hommes, le besoin de procédés empiriques pour se garantir de l'oppression et de la force devient de plus en plus pressant; et les sociétés finissent par se trouver dans cet état violent et instable où les subordonnés ne songent plus qu'à démembrer le pouvoir pour lui enlever toute énergie et toute vitalité, et où celui-ci lutte sans cesse pour agrandir ses prérogatives.

Le principe proclamé par Montesquieu, reposant sur la défiance, produit naturellement l'antagonisme entre le pouvoir législatif et le pouvoir exécutif. Et cette lutte, avouée ou secrète, volontaire ou instinctive, a, en réalité, pour objet, la souveraineté elle-même. Quand donc une assemblée législative parvient à subordonner le pouvoir exécutif à ses volontés, elle devient le véritable souverain. Et du reste le pouvoir législatif étant par sa nature la fonction absolument primordiale dans un gouvernement, et comme la raison et la volonté sociales, la logique et la force des choses exigent que tout le reste se meuve et gravite autour de ce pouvoir directif : ce qui est en dehors appartient à l'ordre d'exécution, et doit régler ses actes sur les lois portées.

Ce qu'on nomme aujourd'hui *régime parlementaire* n'est donc autre chose qu'une forme particulière de l'oligarchie. Si les agents primordiaux du pouvoir exécutif, ou les ministres du prince, peuvent tomber par la seule réprobation d'une ou de plusieurs assemblées, il est manifeste que le Prince lui-même est subordonné au parlement : celui dont l'action gouvernementale et administrative est subordonnée, ne saurait être le souverain véritable ; tout au plus peut-il rester le centre et le moteur des rouages secondaires.

Toutes ces splendides découvertes du libéralisme moderne, séparation des pouvoirs, régime parlementaire, responsabilité ministérielle, formation de la loi par les citoyens, etc. etc. ne sont donc autre chose qu'un tissu de contradictions et le principe de tiraillements perpétuels.

CHAPITRE X

MISSION ET OPPORTUNITÉ DU CONCILE.

I

Les sociétés, non moins que les individus, se meuvent ou selon les lois de la raison, ou selon les appétits et les attraits de la sensibilité. Et l'histoire du genre humain nous montre tour à tour des peuples soumis à l'empire de la loi morale et poursuivant pacifiquement leur mission sur la terre, et des nations uniquement absorbées par la recherche de toutes les jouissancé sensibles, et en proie à des perturbations continuelles.

Or de même que l'individu, livré à tous ses vices et à tous les instincts subalternes, est un être dégradé, méprisable et traînant une existence malheureuse autant qu'ignoble, ainsi en est-il des nations :

celles qui répudient la loi de Dieu et les nobles aspirations vers les biens supérieurs, qui méprisent tout ce qui tient à l'ordre spirituel pour n'estimer et ne rechercher que ce qui satisfait les sens et la vie corporelle et animale, traînent aussi, avec leur dégradation morale et intellectuelle, une existence languissante et instable.

Aussi à mesure que la loi morale, la crainte de Dieu et l'amour du devoir disparaissent, on voit s'affaisser dans la même proportion le patriotisme, le dévouement et toutes les vertus civiques. Dans des cœurs desséchés par la convoitise frénétique des jouissances sensuelles et par le feu des passions plus ou moins basses, il n'y a plus de place pour la générosité et le dévouement; un égoïsme froid, glacial, implacable a tout envahi, et devient comme le mobile universel des actions. Il est donc nécessaire à la prospérité et même à la vie des sociétés qu'elles se meuvent selon les lois morales ou la saine raison.

Mais ce qui maintient la société, comme les individus, sous l'empire de la saine raison, ce qui fait germer les aspirations nobles et généreuses, ce qui soustrait aux entraînements illicites des passions basses et cupides, réveille et féconde toutes les vertus publiques, de même que les vertus privées, c'est l'impulsion fondamentale vers le bien essentiel, source et règle de tous les autres. La vie religieuse et surnaturelle relève l'homme et attache son esprit au vrai le plus élevé et son cœur au bien le plus noble. Et dès qu'une impulsion de bas en haut est imprimée à la partie supérieure de l'homme, il en résulte nécessairement dans les domaines de toutes les facultés subordonnées une tendance salutaire à se dégager de tout ce qui est avilissant.

Aussi longtemps donc qu'une société ne perd point de vue pratiquement la fin dernière de l'homme, aussi longtemps qu'elle respecte les lois divines, elle poursuit une marche régulière, se meut autour de son véritable centre de gravité ; et ainsi toute déviation sérieuse, même dans les choses de l'ordre purement politique ou civil, ne peut être de longue durée. De même qu'en général une aberration en appelle une autre, ainsi la rectitude sur un point appelle la rectitude sur les autres ; et quand il s'agit de la direction primordiale et essentielle, du mouvement normal vers la fin dernière, il y a nécessairement tendance impérieuse à régulariser les moyens et les rapports subordonnés. Cette connexion nécessaire montre donc qu'une société, aussi longtemps qu'elle remplit ses obligations envers Dieu, est comme forcément fidèle à tous ses autres devoirs

II

Mais si telle est la puissance préservatrice ou médicinale des aspirations vers le bien essentiel et la fin dernière de l'homme, il est nécessaire parfois que cette vérité soit solennellement intimée aux peuples qui l'oublient.

Les individus égarés et dévoyés sont rappelés à leurs devoirs; ou par la voix extérieure du châtiment, ou par la voix intime de la conscience et de la raison, que la grâce de Dieu fait parler plus haut que de coutume.

Or, il en est encore, sur ce point, des nations comme des individus, de la personne morale comme de la personne physique : Dieu fait entendre à celles-ci sa voix de deux manières : par l'organe de son Église, qui exerce dans le monde les fonctions que la conscience et la raison remplissent dans l'individu ; ensuite par le moyen des châtiments, qui viennent arracher aux délections sensibles ceux qui n'en voulaient plus d'autres.

Quand donc des sociétés sont aveuglées par rapport au vrai, indifférentes par rapport au bien essentiel, et tendent par là même à s'abîmer graduellement dans le gouffre de la triple anarchie intellectuelle, morale et matérielle, une commotion puissante devient le seul moyen de salut. Il faut que la lumière de la vérité brille d'un éclat inusité, et qu'ainsi l'anarchie intellectuelle, source de toutes les autres, disparaisse. Or, c'est l'Église qui est ici-bas dépositaire de la vérité ; c'est donc elle qui peut, par une intervention salutaire et une prédication inusitée, faire resplendir cette vérité méconnue, et remettre en honneur les lois oubliées de la justice et de l'équité.

Et quand cette voix retentit, c'est l'appel miséricordieux et pacifique de Dieu, qui tend à prévenir l'autre invitation : celle du châtiment et des vengeances. C'est comme le cri de la conscience et de la raison, qui signale et promulgue de nouveau au for intérieur les lois méconnues.

Le pouvoir doctrinal de l'Église a donc aussi pour mission de venir en aide aux sociétés elles-mêmes ; et quand les crises et les perturbations religieuses et sociales sont plus profondes et plus menaçantes, c'est alors que ce pouvoir apparaît dans toute sa majesté et dans sa plénitude de puissance intrinsèque et extrinsèque. Les apôtres, dans la personne de leurs successeurs, se réunissent autour de Pierre leur chef, et de nouveau ils commandent au nom et avec le pouvoir de Dieu : « *qui vos audit, me audit, qui vos spernit, me spernit* ».

Et rien ne peut empêcher l'exercice de ce ministère divin. Lors même que l'Église verrait les nations soulevées contre elle, les portes de l'enfer armées pour sa destruction, elle oserait encore lever sa main puissante contre tous les conjurés et contre l'enfer ; elle oserait lancer avec courage et confiance l'anathème contre les erreurs les plus puissamment défendues. Et cet anathème, maintenant comme toujours retentirait dans le monde entier comme la trompette de l'ange au dernier jour; il retentirait même dans le ciel pour appeler. « *plus quam duodecim legiones angelorum,* » des légions d'anges, s'il était nécessaire, pour assurer le triomphe final des lois promulguées: « *Cœlum et terra transibunt, verba autem mea non prœteribunt* ».

Et le dernier résultat d'une lutte quelconque entre l'Église et ses ennemis ne saurait un instant être douteux. La promesse de Dieu est là pour garant : « *non prœvalabunt* »; et l'histoire des dix-neuf siècles de l'existence de l'Église nous en manifeste la réalisation constante avec la plus frappante évidence.

Qu'est devenue aujourd'hui la puissance formidable de l'arianisme, qui semblait devoir étouffer la vérité ? Tout ce qui a été atteint par les anathèmes du concile de Nicée est resté à jamais un objet de réprobation.

Que sont devenues les redoutables intrigues, les

artifices et les subtilités de Nestorius, depuis que le concile d'Éphèse a parlé? La malédiction reste sur la mémoire de cet hérésiarque ; et ses doctrines, qui avaient pourtant le suffrage des princes et des puissants du monde, demeurent sous le coup d'une éternelle flétrissure. Les erreurs de Nestorius sont tombées, et les décrets du concile d'Éphèse sont encore et seront toujours la règle infaillible de la vérité.

Que sont devenues les hérésies d'Eutychès, et quelle stabilité leur a conféré l'appui des empereurs de Bysance? Quel a été le résultat final des violences sacriléges exercées par les commissaires impériaux sur la personne de saint Flavien et de tous les généreux défenseurs de la vérité? Le concile de Chalcédoine est intervenu pour anéantir les erreurs, lancer l'anathème contre Eutychès et ses partisans, et célébrer la mémoire des saints martyrs de la vérité. Et l'anathème reste, et saint Flavien, ainsi que tous les confesseurs de la foi, sera, dans tous les temps, en vénération dans l'Église militante.

Si l'incrédule le plus obstiné voulait se donner la

peine de suivre ainsi la série de tous les conciles, il serait au moins forcé de reconnaître que la parole de ces grandes assemblées est, comme la parole de Dieu elle-même, immuable et éternelle : « *Verbum divino-humanum* » : Les hommes passent, les dynasties croulent, des générations de rois persécuteurs restent ensevelies dans la poussière du tombeau, les nations elles-mêmes disparaissent pour faire place à d'autres, toutes les législations humaines se succèdent indéfiniment, se remplacent, se détruisent, et la parole d'un concile reste. C'est l'écho fidèle et réel de la parole même de Dieu ; or il a été dit : Mes paroles ne passeront point : « *Verba mea non prœteribunt.* »

Le chrétien attend donc avec confiance les oracles du prochain concile ; et les petits efforts des hommes, puissants ou non, ne l'émeuvent guère : Si Dieu est avec nous, s'écriait l'apôtre saint Paul, qui pourra s'élever contre nous? « *Si Deus pro nobis, quis contra nos* ? ».

III

Mais si telle est la mission et l'autorité d'un concile, est-il opportun d'en célébrer un dans les conjonctures présentes? Il y aurait assurément témérité insigne à nier cette opportunité, quand le vicaire de Jésus-Christ a fait entendre sa voix de Pasteur suprême, quand Pierre a convoqué autour de lui tout le collége apostolique, quand le dépositaire de la plénitude du pouvoir doctrinal estime que les circonstances sont assez graves pour qu'un concile fasse entendre sa voix.

On ne peut donc poser cette question que pour examiner si le spectacle qui nous est offert, suffit à révéler, même au vulgaire des chrétiens et des fils soumis de l'Église, l'opportunité de cette auguste assemblée. Et, pour répondre à cette interrogation, il faut envisager la nature des doctrines, qui seraient propres à corrompre les fidèles, et les faits qui peuvent révéler un état moral inquiétant.

D'abord, pour ce qui est des doctrines du temps, nous venons d'analyser brièvement un système complet d'erreurs assez habilement groupées, et qui ne tendent à rien moins qu'à exclure Dieu lui-même du gouvernement du monde. Jamais peut-être système plus radical, plus pernicieux et plus perfide n'a été divulgué ; celui-ci, plus encore que le protestantisme primitif, attaque les bases mêmes du christianisme et de l'ordre moral. Aussi les doctrines que nous avons étudiées, sont-elles véritablement les principes fondamentaux de toutes les erreurs qui, à notre époque, affligent l'humanité et contristent l'Église.

Ce sont, ainsi qu'il a été dit, les fondements du naturalisme et du rationalisme, censurés dans le *Syllabus* (1), de l'indifférentisme et du latitudinarisme (2). Ils impliquent manifestement, par le principe de la liberté de conscience et de la liberté des cultes, la négation de l'Église et de ses droits (3) ; ils détruisent ou bouleversent, par l'omnipotence de l'État, le pouvoir indéfini de police sur le culte, etc., les vrais rapports de l'Église et de la société civile (4). Enfin, par cette suprématie absolue de l'État dans tout ce qui est de l'ordre extérieur, ces théories de-

(1) Syll. § 1 et 2.
(2) Syll. § 3.
(3) Syl. § 4.
(4) Syll. § 6.

viennent la source de toutes les erreurs touchant le mariage chrétien (1).

Il y a donc tout un vaste système d'erreurs qu'il importe d'extirper, et qui, comme toutes les hérésies des siècles antérieurs, doivent tomber tôt ou tard sous l'anathème de l'Église. En dehors de cela, il y a plutôt des inepties que des erreurs : le positivisme et le matérialisme sont, chez quelques individus, de véritables maladies mentales, que l'ancienne médecine eut traitées avec l'ellébore. Et ces moyens thérapeutiques sont encore beaucoup plus applicables aux folies blasphématoires de Strauss, Renan, etc., ainsi qu'au dévergondage des athées et des panthéistes.

Mais si des erreurs doctrinales on passe à l'examen des faits, on étudie le mouvement de l'opinion, les aspirations des sociétés, comme des individus, il sera facile de reconnaître que le niveau intellectuel et moral ne tend pas précisément à s'élever. Et s'il n'y a pas une connexion de causalité entre les principes de 89 et cet état des esprits, il y a certainenement une connexion historique.

(1) Syll. § 8.

Il s'agit donc d'examiner si le spectacle qui s'offre à nos yeux, ne semblerait pas trahir le triomphe de la sensibilité sur l'esprit, la prédominance des appétits inférieurs sur les instincts les plus nobles et les plus élevés de l'homme : « *Caro concupiscit adversus spiritum.* »

Or, n'a-t-on pas vu, dans l'ordre politique, autant et plus qu'aux époques des grandes crises sociales antérieures, fouler aux pieds les lois les plus sacrées de l'équité et de la justice, les principes sans lesquels aucun ordre stable n'est possible dans les sociétés, aucune institution ne peut prendre la moindre consistance, aucune dynastie ne saurait se promettre un avenir de quelque durée.

Et il ne s'agit pas d'un fait isolé et violent contre le droit, d'un abus transitoire de la force, mais d'un système calculé, avoué et proclamé : et dans ce système, des théories chimériques sont substituées aux prescriptions les plus évidentes du droit naturel et du droit positif. Il y a donc tendance notoire et assez universelle à préférer la ruse et l'astuce à la justice, à la probité et à la bonne foi, les expédients transitoires au droit existant, les intérêts du moment aux intérêts de l'avenir et de tous les temps.

Les hommes d'État qui règlent leur action gouvernementale sur les lois éternelles de la justice, travaillent et édifient pour tous les siècles : et cette action est toujours droite, sûre, et incomparablement plus habile que le machiavélisme le mieux calculé. Ceux qui, au contraire, méprisant ces moyens éprouvés que la justice et la probité dictent, ne rêvent qu'expédients nouveaux, voies inexplorées, rénovations sociales, etc., ne peuvent rien édifier de stable ; obtenir un triomphe momentané, acquérir un avantage matériel d'une durée éphémère, c'est tout ce qu'ils seront capables de réaliser.

On appelle en médecine empiriques ceux qui ont recours à des moyens inusités, et dont la science et l'expérience n'ont point démontré la valeur et constaté les effets. Et comme d'ordinaire, ils célèbrent d'autant plus l'efficacité de leurs spécifiques qu'elle est moins réelle, il est résulté de là que l'empirique a été caractérisé par un double attribut : la témérité dans l'emploi des moyens, la vanterie et l'emphase dans la divulgation de ceux-ci. Ne pourrait-on pas, en transférant cette analogie dans le domaine de la politique, constater en Europe une tendance très-visible vers l'empirisme ?

Les lois de la justice et de l'équité sont, dans le gouvernement des peuples, les seuls moyens éprouvés : la raison et l'expérience ont montré le résultat final auquel ils aboutissent invariablement. La politique, affranchie de la loi morale, n'est donc autre chose qu'un véritable empirisme. Et déjà en Italie et en Espagne on peut pressentir le résultat des procédés empiriques.

Mais, sans examiner ici les faits particuliers que l'histoire recueillira, jetons un simple coup d'œil sur la tendance des sociétés en Europe. Il n'est pas difficile de constater en quoi consistent ces aspirations : n'est-ce pas la recherche exclusive du progrès matériel jusqu'à l'abandon et au mépris du progrès moral, la poursuite fiévreuse des jouissances sensibles et enivrantes au détriment des jouissances calmes, durables et pures de la famille et de la Religion ?

Il est donc manifeste, pour tout observateur attentif, que les sociétés aujourd'hui ont besoin, pour se réveiller de leur engourdissement spirituel, d'entendre la voix de la raison et de la conscience ; il est évidemment nécessaire qu'elles se convertissent aux choses de l'ordre intellectuel et moral ; et ainsi tous les vrais chrétiens doivent former le vœu que Dieu, comme au temps d'Ezéchiel, suscite des prophètes, qui viennent souffler sur tant d'os arides pour leur rendre la véritable vie.

IV

Si, maintenant, de l'ordre social, envisagé en lui-même, nous descendons à l'examen du mouvement qui se produit dans les arts et la littérature, nous constaterons de nouveau défaillance dans tout ce qui est de l'esprit et prédominance de l'élément relatif aux facultés sensibles : c'est le règne du sensualisme à tous les degrés.

Pour faire toucher du doigt cette triste vérité dans ce qui tient aux beaux-arts, il suffit d'inviter touthomme judicieux et compétent à examiner la plupart des œuvres que la peinture et la sculpture étalent aujourd'hui dans nos expositions ; qu'il les compare donc avec les grands chefs-d'œuvre des siècles écoulés! Il reconnaîtra facilement où est l'esprit, où sont les grandes et nobles conceptions, où brille l'étincelle du génie artistique ; il verra où sont les monuments qui ne parlent qu'aux sens, où est le réalisme abject, et au contraire où sont les œuvres qui, par les sens, atteignent l'intelligence elle-même, réalisant ainsi la véritable notion du beau.

Qu'on nous permette donc de rappeler ici certains principes d'Esthétique, qui nous serviront de règle pour apprécier le mouvement qui se produit dans les arts et la littérature. Personne n'ignore que le beau, de même que le vrai, implique un rapport à la connaissance : « *pulchra dicuntur, quæ visa placent* » ; aussi ne peut-il produire son effet propre, plaire, ce qui est une certaine délectation, que dans un principe de connaissance. Or il y a dans l'homme une triple faculté appréhensive du beau : les sens extérieurs, l'imagination et l'intelligence. Le beau véritable et de l'ordre le plus élevé est donc celui qui parle à l'intelligence elle-même, soit immédiatement, s'il est de l'ordre purement intelligible, soit médiatement et par le concours des sens, s'il tient à l'ordre sensible.

Ainsi, il est hors de doute que le beau, qui ne saurait émouvoir que les sens extérieurs de la vue ou de l'ouïe, sans atteindre l'intelligence, est de l'ordre le plus infime ; celui qui s'arrête à l'imagination pour lui plaire exclusivement, sans pouvoir s'élever plus haut, appartient encore à un ordre subalterne. Comme le beau de sa nature, est ordonné à plaire ou à délecter un principe appréhensif, il est bien évident qu'il doit se mesurer sur l'effet qu'il est apte à produire ; or, la délectation, à son tour, est plus ou moins noble, selon la dignité de la faculté qui en est le siége : ainsi toute délectation des sens est inférieure à la délectation des facultés intellectuelles.

Il est donc manifeste que la beauté qui, soit médiatement par les sens et l'imagination, soit immédiatement, est destinée à plaire à l'intelligence elle-même, et ainsi vient ravir l'admiration de l'homme tout entier, est la plus parfaite et la plus élevée : le résultat qu'elle est apte à produire et qui est sa fin propre, est d'un ordre bien supérieur.

Mais ces simples notions, touchant la véritable nature du beau, suffisent, ce me semble, pour montrer qu'une tendance sensualiste est une décadence dans les arts, et que toute impulsion spiritualiste, ou tendant à élever les pensées et le cœur de l'homme vers le ciel et les choses de l'ordre intellectuel et moral, est le principe du progrès véritable dans les beaux-arts et dans tout ce qui appartient au domaine de l'Esthétique.

Or, le but et la mission du pouvoir doctrinal de l'Église, c'est de rappeler sans cesse à l'homme ses destinées futures, c'est de lui signaler celui qui est la beauté essentielle, la beauté incomparable, source et type de tout ce qui dans l'ordre créé, est apte à attirer nos regards. Et voilà pourquoi les artistes chrétiens ont produit ces grands chefs-d'œuvre en présence desquels les travaux des contemporains pâlissent et deviennent presque intolérables. Qui oserait placer à côté de la *Transfiguration* de Raphaël et de la *Communion de Saint Jérome* du Dominicain ces tableaux souvent immondes qui encombrent aujourd'hui nos expositions.

Tout homme doué du véritable sens esthétique, s'il éprouvait une certaine satisfaction à la vue des œuvres qui ne parlent qu'aux sens, réserverait assurément toute son admiration pour celles où une pensée grande et noble, une vérité ou un sentiment supérieur sont exprimés.

Si des arts nous passons à la littérature contemporaine, nous verrons encore, d'une manière plus saisissante, combien il importe que l'esprit reprenne force et vigueur, afin que les sens soient quelque peu soumis à la raison.

Un premier fait qui, à lui seul, caractérise les productions du temps, c'est l'existence éphémère de celles-ci ; elles excitent un engouement d'un jour, et le lendemain sont l'objet de la plus invincible indifférence : ce qui ne parle qu'aux sens, est fugitif comme la sensation elle-même. Le lecteur aujourd'hui vit d'émotions, et non d'idées nobles et vraies, de doctrines précises et saisissantes, de sentiments purs, élevés et délicats ; il veut sentir, et non voir et connaître.

L'ordre réel l'incommode et l'effraie, surtout s'il voit poindre, même de loin, l'inflexible loi morale; il veut être jeté dans une région fantastique où il puisse rêver à l'aise, sans que la raison vienne le troubler par ses lois, ou la conscience, par ses clameurs incommodes.

Ainsi donc tout ce qui réveille les sens, fait vibrer l'imagination, en un mot produit une commotion vive dans le domaine de la sensibilité, est goûté, recherché, acclamé : c'est toujours l'esthétique des sens et non celle de l'esprit. Adressez-vous à la raison, et aujourd'hui vous aurez peu d'auditeurs ; parlez aux sens, même et je dirais presque surtout, par les provocations les plus abjectes, et aussitôt il y a affluence autour de vous : « *Animalis homo non percipit ea quæ sunt spiritus Dei* ».

V

Si maintenant nous nous élevons au dessus de l'ordre des choses purement humaines, et si nous pénétrons jusque dans le sanctuaire, nous constaterons que la puissance de ce mouvement rétrograde s'exerce même sur la prédication évangélique. Ici encore l'élément humain, empirique croît et se développe au détriment de la vérité surnaturelle. Aussi, dans un document adressé naguère à l'épiscopat par la Sacrée Congrégation du Concile, l'attention des évêques a-t-elle été appelée sur ce point.

Et assurément on ne doit point s'étonner de cette sollicitude, car la prédication de la parole de Dieu constitue l'un des moyens extérieurs institués par Notre-Seigneur Jésus-Christ lui-même (1) pour conduire les hommes au salut éternel. Ce moyen a pour fin prochaine la foi du peuple, qu'il s'agit ou de faire naître ou d'affermir et d'augmenter. *Quomodo credent ei quem non audierunt ?* dit Saint Paul ;.... *Quomodo autem audient sine prædicante ?* (2)

Mais si telle est la fin et le but de la prédication évangélique, il est manifeste que toute défaillance dans l'exercice de cette fonction sublime serait d'une incalculable portée ; elle aurait pour résultat l'affai-

(1) Matth., XXVIII, 18; Marc, XVI, 15.
(2) Ad Rom., X, 14.

blissement de la foi des peuples. Or les vices qui paralyseraient plus ou moins l'efficacité de ce moyen divinement institué peuvent affecter, soit la doctrine elle-même ou la forme intrinsèque, soit simplement le mode d'exposition ou la forme extrinsèque.

Sous ce premier rapport, ou quant à ce que nous appelons forme intrinsèque, le vice le plus grand serait assurément l'altération proprement dite de la doctrine révélée, soit par malice et dans un but pervers, soit par entraînement aveugle, soit enfin par pure ignorance. Et, sous ce rapport, il est notoire que nulle part on n'a a déplorer de graves erreurs, qui soient de nature à ébranler la foi des peuples et à faire gémir l'Église.

Un autre vice, qui a quelque affinité avec le premier, consisterait à dissimuler en quelque chose, soit la vérité à croire, en la présentant d'une manière incomplète et détournée, afin d'éviter les clameurs des incrédules, soit les préceptes à pratiquer, en les atténuant ou les amoindrissant par je ne sais quelle tolérance funeste : *Diminutæ sunt veritates a filiis hominum.*

Un autre péril, quant à la forme intrinsèque de la prédication, pourrait venir de ces spéculations vagues, arbitraires, capricieuses et soi-disant philosophiques touchant les dogmes révélés, spéculations dont le moindre défaut serait souvent de n'être ni vraies ni fausses. « Dire des choses que l'on ne comprend « point à des gens qui ne les entendent pas mieux, « voilà, disait autrefois Voltaire, je crois, ce qu'on « nomme faire de la métaphysique. » Il y aurait donc à redouter une métaphysique semblable touchant les vérités de la foi.

Enfin un dernier danger à redouter serait la substitution de vérités purement rationnelles, humaines et philosophiques aux dogmes révélés, que tout prédicateur doit annoncer. On négligerait alors de prêcher l'Évangile lui-même pour choisir, avec une certaine prédilection, ces sujets qui ne peuvent choquer aucun ennemi de la vérité et de l'Église : il s'agirait d'un enseignement que ne repousseraient ni le protestant, ni le rationaliste, ni le juif.

Il faut avouer qu'une séduction puissante est exercée en ce sens par le courant des esprits, l'opinion, ainsi que l'état moral et intellectuel des peuples. Il y a aujourd'hui comme un besoin général de tout ce qui peut surexciter la sensibilité et exalter l'imagination, tout en laissant l'esprit vide, la raison inerte et la volonté plus libre de toute contrainte morale ; on a besoin de rêver dans le vague, de sortir de l'ordre réel et pratique, principalement de la loi religieuse; on ne veut plus entendre les vérités redoutables et nécessaires, comme l'enfer et le jugement, ou du moins on ne veut plus les apercevoir que sous un aspect vague, indécis et flottant.

Un danger sérieux menace donc tous ceux qui auraient le malheur de désirer la réputation ou la popularité ; pour réussir, il faut cesser plus ou moins de servir Dieu et son Église, et sortir d'une manière ou d'une autre des strictes limites de la révélation surnaturelle. Aujourd'hui un habile système de corruption est pratiqué pour solliciter tacitement les ministres de la parole de Dieu à trahir en quelque chose la cause qu'ils ont mission de défendre : d'abord les louanges sont habilement dispensées par les incrédules et les ennemis de la foi à tous ceux qui feraient d'imprudentes concessions; ensuite on décore du titre d'esprits larges et conciliants ceux qui font violence à la révélation pour l'adapter à l'opinion du jour. La soif du popularisme serait donc aujourd'hui une véhémente tentation de trahir la vérité.

Mais il est inutile d'insister sur tout ce qui tient à la doctrine ou à la forme intrinsèque de la prédication. Qui, en effet, pourrait méconnaître le zèle de cette multitude innombrable d'ouvriers évangéliques qui proclament avec tant d'ardeur et de courage les vérités révélées, qui tonnent avec une énergie indomptable contre les vices du temps, et qui ne savent compter avec aucun péril dès qu'il s'agit de défendre les droits de Jésus-Christ et de son Église ?

Disons maintenant quelques mots de la forme extrinsèque. Il est manifeste que sous ce rapport nous déclinons; et tous les écrivains qui s'occupent de ces matières sont unanimes à constater ce fait. Les traités sérieux d'éloquence sacrée relèvent le mauvais goût qui semble dominer aujourd'hui. Audisio (1) le si-

(1) Traité d'éloquence sacrée, lec., XXV.

gnale et le déplore en Italie, et beaucoup d'autres le manifestent et le combattent en France.

Et cette tendance peut aussi être identifiée avec le vice que nous signalions plus haut dans les arts et la littérature en général. Les prédicateurs aspirent parfois, non précisément à éclairer l'esprit, à exciter la volonté et à toucher le cœur, mais à délecter l'imagination et à émouvoir la sensibilité extérieure. Ainsi donc, frapper vivement cette faculté que les anciens appelaient *phantasia*, sans même l'utiliser comme moyen d'agir plus efficacement sur l'intelligence, est comme le terme final de tous les efforts de l'orateur; celui-ci veut remuer, non précisément la volonté pour conduire l'homme à la pratique de ses devoirs, mais cette sensibilité extérieure, féminine qui consiste toute entière dans l'ébranlement des facultés subalternes. De cette sorte le sentimentalisme est réellement substitué au sentiment véritable; or la différence entre les deux consiste, comme on le sait, en ce que le premier tend à permettre à la sensibilité de s'affranchir graduellement des entraves incommodes de la droite raison et de toute règle objective, ou du moins fait plus abstraction de la loi morale.

Pour bien préciser la nature assez indéterminée de cette tendance, et mesurer le mouvement rétrograde qui s'est opéré, il suffit, d'un côté, de rappeler une règle fondamentale de l'art oratoire, de l'envisager à l'état concret dans ceux qui l'ont excellemment pratiquée, et de l'autre d'examiner le fait actuel.

De tous temps on a distingué le style didactique, qui réprouve et repousse les ornements du discours pour viser uniquement à la clarté, le style oratoire, qui admet quelques ornements, mais avec sobriété et discrétion, enfin le style poétique, qui admet tous les ornements possibles, pourvu qu'ils puissent s'harmoniser entre eux, ainsi qu'avec le but poursuivi par le poète. Et la raison de cette distinction est tirée de la nature même des choses.

Or, à toutes les époques où l'art oratoire a brillé d'un vif éclat, le style poétique a été considéré comme un des vices capitaux qui peuvent altérer la forme extrinsèque de la prédication évangélique. L'exemple de Notre-Seigneur Jésus-Christ et des apôtres, la réprobation formelle prononcée par saint Paul (1), les préceptes, les conseils et les exhortations de tous les saints prédicateurs, suffisent assez à établir cette vérité. Du reste les orateurs païens eux-mêmes qui ont décrit la vraie notion de l'art oratoire, ont toujours réprouvé le style poétique comme propre à affader, à énerver toute la vigueur du discours, et à empêcher l'effet final que l'orateur doit atteindre : une conviction énergique et durable chez les auditeurs.

« Il faut bien se persuader, dit saint Liguori, « que, lorsque la parole de Dieu se trouve altérée par la recherche des expressions, elle reste énervée et sans force, de manière à n'être utile ni aux « savants ni aux ignorants. » La parole de Dieu, fille du Ciel, ne saurait apparaître, selon l'expression de M. Audisio, « couverte et souillée de parures de courtisane, sans exciter notre mépris et notre dégoût. » Il ne faut point se dissimuler toutefois que le genre romantique, comme on disait, il y a trente ou qua-

(1) I Cor., II. I seq

rante ans, plaît davantage aujourd'hui, pour les raisons indiquées plus haut ; du reste, les jeunes gens et ce public féminin qui, de nos jours, fait la réputation des orateurs, seront toujours plus avides d'images poétiques et de descriptions ou de tableaux saisissants que de tout le reste.

Mais si le goût des auditeurs est dépravé, si la fausse lumière leur plaît beaucoup plus que la véritable, ce n'est pas une raison pour que l'orateur donne satisfaction à cette tendance. Il est chargé de réformer les mœurs, de relever les esprits et les cœurs vers la vérité et la beauté immuables, d'arracher l'homme au péché ; or, tout ce qui tendrait, de près ou de loin, à subordonner la raison aux entraînements de la sensibilité, est inclination vers le péché : « *Conversio ad creaturam.* »

Le prédicateur est donc chargé de guérir tout ce qui est malade ; et ainsi il ne doit point contracter lui-même toutes les maladies morales et intellectuelles dont il est constitué le médecin. La rectitude de l'esprit et la pureté des aspirations morales, voilà ce qu'il doit faire naître ou maintenir chez ses auditeurs ; et lorsque les instincts de ceux-ci convergent vers la sensibilité au détriment de l'esprit, il doit les combattre, et non les servir et les encourager.

Et pour terminer par une dernière réflexion d'un autre ordre, je ferai remarquer que le genre classique est incomparablement plus élevé et plus difficile à réaliser dans sa perfection que ce genre appelé, avec assez de vérité, romantique. Celui-ci, en effet, n'exige pas un grand fonds de science et de logique ; l'étude de la théologie, de l'Écriture Sainte et des Pères est même pour ce genre d'une très-mince utilité. Les brochures du temps, les œuvres purement littéraires, les ouvrages amusants et même les romans nouveaux et les pièces de théâtre sont parfois les principales sources du prédicateur, à l'exclusion des docteurs de l'Église et des grands orateurs classiques.

Une certaine exubérance d'imagination tient lieu d'intelligence, de science acquise et même de jugement pratique ; aucun ordre rigoureux, aucune étude approfondie d'un sujet n'est chose nécessaire. Quelle science au contraire et quelle précision doctrinale, quelle connaissance de l'Écriture et de la Tradition, quel choix et quelle sobriété d'images et d'expressions, quel art de présenter la vérité et de faire jaillir des sentiments forts et durables brillent dans nos grands prédicateurs classiques, Bossuet, Bourdaloue et Massillon!

CHAPITRE XI

DE LA COMPÉTENCE DU CONCILE EN TANT QU'ORGANE DU POUVOIR SOUVERAIN DANS L'ÉGLISE.

I

Les jurisconsultes nomment fort compétent le tribunal devant lequel une cause doit être instruite et jugée: la compétence d'un juge n'est donc autre chose que l'extension même de sa juridiction contentieuse.

Déterminer la compétence du concile n'est, par conséquent, autre chose qu'examiner et énumérer l'ensemble des questions ou des causes qu'il peut revendiquer comme étant de son ressort. Nous essaierons de déterminer ici cette compétence par rapport aux seules questions de droit, ce qui revient à chercher quelles sont les doctrines sur lesquelles un concile œcuménique peut porter un jugement absolu et définitif.

Dans notre siècle des lumières, où l'ignorance toutefois joue un grand rôle, on a voulu enlever à l'Église presque tout son pouvoir doctrinal, à l'aide de misérables équivoques, de notions vagues, mal comprises et mal définies, et de termes ambigus.

On a d'abord décrété que la juridiction de l'Église ne s'étend point aux questions politiques : et voilà deja une de ces assertions très-indéterminées dont on pourrait presque dire qu'elles ne sont ni vraies ni fausses ; toutefois, envisagée selon l'extension qu'on voudrait lui attribuer, elle est aussi fausse que pernicieuse. On embrasse en effet aujourd'hui, sous cette rubrique, à peu près tous les rapports de l'Église et de l'État, et même tout ce qui tient à l'organisation extérieure de l'Église dans les diverses nations chrétiennes. Et telle est la première limite assignée par l'incrédulité moderne à la juridiction du concile, comme à celle du Pape, puisque l'une n'est pas en soi différente de l'autre.

Une nouvelle limite assignée à la compétence du

pouvoir ecclésiastique se résume dans cette seconde assertion, aussi précise et aussi lumineuse que la première : les questions philosophiques ne sont point du ressort de l'Église. (1) Ce nouveau décret, rendu par certains catholiques très-libéraux — des droits de l'Église, est absolument faux, du moins dans le sens trop étendu qui lui est attribué ; cette règle toutefois, restreinte dans les limites que nous indiquerons, serait vraie.

Armés de ce double principe, si net et si précis, les théologastres d'un certain journalisme se sont élevés contre le *Syllabus*, et ont attaqué cette décision doctrinale comme un abus de pouvoir. Cet acte pontifical, selon eux, serait simplement nul par défaut de compétence ; ainsi les divers articles de ce formulaire ne constitueraient à peu près que les opinions particulières d'un docteur privé.

Il résultera aussi de ce double principe que les doctrines désignées vulgairement sous le titre de « principes de 89 », et qui ont été analysées précédem-

(1) *Syllab.* art. X-XIV.

ment, ne pourraient en aucune sorte être jugées par le concile : il s'agirait simplement de philosophie, de droit public, et même de politique, puisque ce terme aujourd'hui signifie à peu près tout ce qu'on veut.

C'est ainsi que certains catholiques *in lato sensu*, vrais douaniers de la libre pensée, viennent assigner au futur concile les strictes limites de sa juridiction ; mais heureusement cette auguste assemblée n'a pas besoin de leur visa pour connaître et saisir les questions qui sont de sa compétence,

II

Quelles sont donc en réalité les questions doctrinales que le pouvoir suprême de l'Église a reçu mission de dirimer par une sentence définitive? L'enseignement incontestable de la foi et de la théologie nous apprend d'abord que l'Église a été constituée dépositaire exclusive de la révélation divine, dont elle doit communiquer les oracles à tout le genre humain ; elle doit en outre interpréter cette parole de Dieu avec autorité et d'une manière infaillible.

Et voilà des vérités connues de tous les simples fidèles.

Il est donc manifeste que l'Église enseignante, et cette Église seule, est le juge compétent de toutes les controverses qui peuvent s'élever touchant la doctrine révélée. Et c'est en cela que consiste son domaine propre et exclusif; c'est précisément pour la dispensation de la vérité surnaturelle aux hommes qu'elle est douée de l'infaillibilité, et perpétuellement assistée de l'Esprit-Saint. Ainsi toute vérité qui appartient d'une manière quelconque au dépôt de la révélation divine, est du domaine exclusif de l'Église enseignante : le pouvoir ecclésiastique peut seul porter un jugement d'autorité sur la nature, l'extension et le sens précis de ces vérités. Le Concile, avec le Pape, est donc juge suprême et infaillible de toutes les questions relatives à la révélation divine ; et par suite sa compétence a, sans aucun doute, la même extension que l'ensemble des dogmes révélés.

Mais, d'autre part, les théologiens catholiques sont unanimes à déclarer que les vérités scientifiques de l'ordre naturel, qui sont absolument en dehors de la révélation divine et n'ont avec cette révélation aucun rapport intrinsèque, aucune connexion rigoureuse, ne sont pas plus du domaine d'un Concile que de toute autre assemblée savante. Le pouvoir ecclésiastique ne porte aucun décret dogmatique sur les doctrines particulières qui appartiennent aux sciences purement naturelles; il n'intervient pas davantage dans tout ce qui tient aux diverses législations civiles, à moins que celles-ci ne sortent de leur domaine propre pour envahir les droits de l'Église; beaucoup moins s'ingère-t-elle dans le régime intérieur des sociétés humaines, pour régler des rapports purement civils ou politiques, qui ne tiennent en rien à la doctrine et à la discipline de la société religieuse.

Il est donc vrai de dire en ce sens que les questions philosophiques et les affaires politiques ne sont point du ressort des Conciles. Ainsi toute controverse relative à une vérité non révélée et n'ayant aucune connexion réelle ou nécessaire avec les dogmes révélés, n'est point de la compétence spéciale du pouvoir ecclésiastique : un concile qui déciderait certaines questions de ce genre, ne pourrait avoir qu'une autorité purement humaine.

Voilà par conséquent deux points hors de toute controverse, et qui déterminent les limites du domaine positif et négatif des conciles œcuméniques dans les questions doctrinales.

III

Mais entre ces limites extrêmes, il y a des intermédiaires et un terrain mixte, qui est surtout l'objet en litige. Quelques écrivains contemporains, même catholiques — plus par le cœur que par l'intelligence, — viennent résolûment contester à l'Église le pouvoir de définir quelque chose touchant ces sortes de questions. Ils se figurent d'abord que toute vérité de l'ordre purement rationnel est étrangère à la révélation divine et à l'ordre surnaturel : d'où il résulterait que toute doctrine qui, en soi et dans sa nature intime, n'excéderait point la portée naturelle de l'esprit humain, reste la proie de la libre pensée. Et, comme en fait, la détermination des vérités purement rationnelles, du moins dans leur entité, pour employer le terme théologique, peut donner lieu à beaucoup de controverses, on voit que ce principe permettrait aux rationalistes de simplifier notablement l'exercice du pouvoir doctrinal de l'Eglise.

Or, pour faire justice de cette nouvelle forme du libéralisme catholique, il suffit de rappeler que les vérités révélées, de l'aveu de tous les théologiens, sont de trois sortes : les vérités *suprarationelles* ou les mystères qui excèdent purement et simplement la portée de toute intelligence créée, et que l'homme par conséquent ne peut ni découvrir, ni même comprendre par leurs notions propres et intrinsèques, alors même qu'elles sont révélées ; ce n'est que par des analogies et des similitudes que notre esprit peut s'en rendre compte.

Il y a d'autres vérités révélées, qui, sans être des mystères, seraient néanmoins inaccessibles aux investigations de l'esprit humain abandonné à ses seules forces : l'homme ne parviendrait jamais à les découvrir, bien qu'actuellement, depuis qu'elles sont révélées, il puisse, par leurs notions propres et intrinsèques, en donner la démonstration rationnelle. Ces vérités peuvent être appelées *prœter-rationnelles*.

Enfin, il y a des vérités révélées, qui, en elles-mêmes et dans leur entité, sont de l'ordre purement rationnel : l'homme, par ses seules forces et sans aucun secours intrinsèque, aurait pu les découvrir et les démontrer. Toutefois, bien qu'accessibles en elles-mêmes aux forces de la raison humaine, elles ont été manifestées à l'homme d'une manière surnaturelle : par exemple, l'existence de Dieu, l'immortalité de l'âme, etc.; elles ne sont donc surnaturelles que dans la manière dont elles ont été notifiées et affirmées.

Toutes ces vérités, appartenant au dépôt de la révélation, ne peuvent être définies d'une manière authentique que par l'Église enseignante. Il est donc hors de doute que le Pape et le concile peuvent définir certaines vérités qui, en elles-mêmes et de leur nature, n'excèdent point la portée naturelle de l'esprit humain. Ainsi il est faux de dire que « toute question philosophique soit hors de la compétence juridique de l'Église ». Bien que ces questions ne soient pas définies en tant que philosophiques, ou que déductions logiques de principes purement rationnels, elles sont néanmoins définies absolument et en elles-mêmes, et à l'aide d'une lumière infiniment supérieure à celle de la simple raison naturelle.

IV

Mais ce qui effarouche surtout les rationalistes de toutes les nuances, c'est que ce pouvoir doctrinal, réputé infaillible et sans appel, ose parfois s'ingérer dans des controverses philosophiques touchant des doctrines purement rationnelles, et qui ne sont point révélées.

Il y a en effet certaines vérités, qui, sans être révélées en elles-mêmes, ont néanmoins une connexion intime et plus ou moins nécessaire avec les dogmes surnaturels. Or, dans cet ordre de vérités, la philosophie n'est point autonome, mais devient justitiable des principes révélés, et par suite du pouvoir de l'Église.

Par le seul fait que ces doctrines sont en contact avec la révélation, elles sont par là même éclairées par une lumière infiniment supérieure à celle de la simple raison naturelle; et l'Église, qui voit dans cette lumière supérieure, l'Église dont l'Esprit-Saint lui-même régit l'acte de vision, peut faire connaître ce que la révélation, par cette loi de connexion et de dépendance, manifeste touchant ces vérités. La philosophie ne saurait donc être indépendante quand il s'agit de définir la nature intime et les divers aspects de semblables doctrines; la raison humaine doit tenir pour vrais tout les décrets de la science divine elle-même; or c'est la science divine qui prononcerait dans le cas indiqué. Qui donc pourrait nier que toutes les manifestations de cette science doivent être la règle suprême à laquelle tout acte de notre esprit doit être subordonné? Les moindres vestiges de cette science divine, ou les plus simples données de la révélation surnaturelle, ont une supériorité incommensurable sur tout ce que la raison humaine pourrait produire ou affirmer d'elle-même.

Il est donc hors de doute que toujours et partout où apparaîtra un rayon de cette lumière d'en-haut, il devra servir de guide et de règle, et la raison humaine sera la chose réglée et guidée. Et quand l'Église, à l'aide de la révélation objective, saisit une vérité rationnelle, elle l'envisage par ce côté qui est illuminé d'en-haut, et la discerne avec ce tact sûr qui lui est communiqué par l'Esprit-Saint.

Ainsi toute vérité, quelle qu'en soit la nature intime, si elle se trouve en contact avec la révélation, peut être l'objet d'une définition doctrinale des conciles œcuméniques ou du Pontife suprême.

Et il résulte aussi de là que c'est à l'Église, et à l'Église seule, qu'il appartient de déterminer l'extension du domaine de ces vérités subordonnées à son jugement infaillible. Seule elle peut connaître quelles sont les vérités touchant lesquelles la foi nous apprend quelque chose ; seule elle peut avoir conscience de ce qu'elle voit dans la lumière surnaturelle.

Il est inutile d'ajouter maintenant que le concile

est compétent pour saisir un grand nombre de questions sociales, et même toutes celles qu'on embrasse sous la dénomination de « principes modernes. » Et vainement les douaniers de la libre pensée viendraient apposer leur *veto*, en déclarant — ceci est une question politique, — les décrets du concile resteraient à jamais la règle des croyances et des actions équitables.

Tout catholique doit donc reconnaître que le concile, de même que le Pape, c'est-à-dire le pouvoir souverain dans l'Église, peut définir : 1° Toutes les controverses relatives à la parole de Dieu, c'est-à-dire déterminer le vrai sens et l'extension de toutes les vérités divinement révélées, qu'elles soient supra-rationnelles ou non ; 2° certaines vérités rationnelles qui, sans être révélées en elles-mêmes, ont néanmoins une connexion réelle et rigoureuse avec la révélation divine : elles sont ou, le moyen de manifestation et comme la forme intrinsèque des dogmes, ou une notion nécessaire à la définition de ceux-ci, etc.

Mais 3° tout ce qui est étranger à la révélation divine, et n'a avec elle aucune connexion intrinsèque, réelle ou rigoureuse, n'est pas plus de la compétence d'un concile que de celle de toute assemblée purement humaine.

CHAPITRE XI

QU'EST-CE QU'UN CONCILE ŒCUMÉNIQUE ?

I

Nous lisons dans les Évangiles que Notre-Seigneur Jésus-Christ a confié à saint Pierre et au collége apostolique le soin de gouverner son Église, et par là-même les a investis du pouvoir suprême dans la société religieuse ; il a donc constitué dépositaires de la souveraineté spirituelle, soit une personne physique, saint Pierre, soit une personne morale, le collége apostolique, uni à Pierre.

De même, en effet, qu'il a dit au prince des Apôtres : « Je te donnerai les clefs du royaume des cieux, et tout ce que tu lieras sur la terre, sera aussi lié dans les cieux : et tout ce que tu délieras sur la terre, sera aussi délié dans les cieux, (1) » il a dit aussi à tout le collége apostolique : « Tout ce que vous aurez lié sur la terre sera lié dans le ciel : et tout ce que vous aurez délié sur la terre sera délié dans le ciel. (2) » Il promet donc de part et d'autre une juridiction universelle ou un pouvoir gouvernemental sans limites, en vue de la vie éternelle : « *Quodcumque..... Quæcumque* ».

Et il s'agit ici d'un pouvoir perpétuel de sa nature, d'un pouvoir qui est un élément constitutionnel de l'Église, d'un pouvoir enfin qui doit, comme l'Église elle-même, se perpétuer jusqu'à la consommation des siècles. : aussi le divin Sauveur, en conférant ce pouvoir annoncé et promis, ajoute-t-il : « Voici que je suis avec vous tous les jours jusqu'à la con-

(1) Tibi dabo claves regni cœlorum ; et quodcumque ligaveris super terram, erit ligatum et in cœlis : et quodcumque solveris super terram erit solutum et in cœlis. Matth. XVI, 19,

(2) Quæcumque alligaveritis super terram erunt ligata et in cœlo : et quæcumque solveritis super terram, erunt soluta et in cœlo Matth. XVIII, 18.

Ecce ego vobiscum sum omnibus diebus usque ad consummationem sæculi.

sommation des siècles. » Saint Pierre et ses successeurs, et le collége apostolique dans son intégrité, c'est-à-dire uni à Pierre, ont donc reçu un pouvoir gouvernemental qui doit se perpétuer aussi longtemps qu'il y aura des hommes sur la terre.

Et Notre-Seigneur, quelque temps avant son Ascension glorieuse, confirme cette promesse solennelle faite à saint Pierre et au collége apostolique, en donnant l'investiture du pouvoir promis : il confère à saint Pierre une juridiction universelle sur les brebis et les pasteurs : « Paissez mes agneaux, paissez mes brebis, » (1) et au collége apostolique, la plénitude du pouvoir sans aucune restriction : « De même que mon Père m'a envoyé, ainsi je vous envoie. Tout pouvoir m'a été donné dans le ciel et sur la terre. Allez donc, enseignez toutes les nations (2). »

Le collége épiscopal, dans son intégrité, a donc reçu un vrai pouvoir gouvernemental ; de plus une

(1) Pasce agnos. . Pasce oves. (Joan. XXI, 15-17.)

(2) Sicut misit me Pater et ego mitto vos. Data est mihi omnis potestas in cœlo et in terra : euntes ergo docete omnes gentes. (Joan. XX, 21. Matth. XXVIII, 18-19.)

assistance spéciale lui a été garantie dans l'exercice de ce pouvoir. Et ces paroles de l'Apôtre : « *Attendite vobis et universo gregi, in quo vos spiritus sanctus posuit episcopos regere Ecclesiam Dei, quam acquisivit sanguine suo*, (1)» sont une nouvelle confirmation de cette vérité.

Dans ce texte, il est à remarquer d'abord qu'il s'agit de l'Église universelle : celle-ci seule peut être appelée « *l'Église de Dieu*, » selon qu'il est dit dans le texte grec, et surtout peut être désignée par les termes suivants : *quam acquisivit sanguine suo*, « qu'il a acquise au prix de son sang. » Ceci évidemment ne peut s'entendre d'une Église particulière, qui ne saurait être assignée comme une fin de la grande œuvre de la Rédemption.

D'autre part, le terme « *évêques* » *episcopos*, au pluriel et pris universellement, désigne non les simples prêtres, ou les anciens (2), mais les évêques proprement dits, et de plus tous les évêques ensem-

(1) Act. Apost. XX, 28.

(2) Concile de Trente, sess. XXXIII, de sacr. ord. cap. IV.

ble, c'est-à-dire le collége épiscopal dans son intégrité. Enfin ces paroles : « il a chargé de gouverner » *posuit regere*, il s'agit évidemment d'un pouvoir gouvernemental qui doit procéder, au moins d'une certaine manière, médiatement ou immédiatement de l'Esprit-Saint. (1)

Mais il est inutile d'insister sur ce point : tout le monde sait que les lois dogmatiques non moins que les lois disciplinaires, qui régissent la société chrétienne, viennent d'une double source, des conciles œcuméniques et des Pontifes romains. Il y a des lois dogmatiques qui émanent des conciles, et exigent l'obéissance de tous les fidèles, sous peine d'excommunication ou d'expulsion de l'Eglise; et c'est l'autorité même de chacun de ces conciles, depuis celui de Nicée jusqu'à celui de Trente, qui impose l'obéissance aux canons qu'ils ont portés. Aussi, de tous temps, les théologiens ont-ils cité les conciles

(1) Le R. P. Franzelin, dans son magnifique traité *de divinâ Traditione* (thes. v°). explique parfaitement ce texte, dans le sens qui vient d'être indiqué.

œcuméniques, certains ou reconnus, comme une autorité décisive, irréfragable dans les choses de la foi.

D'autre part, il y a des lois dogmatiques qui émanent du Pape seul : par exemple, la définition du dogme de l'Immaculée-Conception. Et ce que nous venons de dire des lois dogmatiques, peut et doit aussi s'entendre des lois disciplinaires, qui consistent, les unes, en des canons de conciles, les autres, en des constitutions pontificales.

II

Le pouvoir souverain dans l'Eglise, bien qu'un et indivisible en lui-même, comme la société dont il constitue l'élément formel dans l'ordre extérieur, réside donc, bien que d'une manière différente, dans un double sujet (1) : le premier, qui a l'exercice actuel et ordinaire de cette souveraineté, est une

(1) De Camillis, Inst. jur. can., l. I, sect. I, cap. I.. d'après Bolgeni.

personne physique, le Pontife romain; l'autre, qui ne peut être saisi qu'accidentellement de l'exercice du pouvoir souverain, et en vertu de l'action spéciale du Chef de l'Église, consiste dans une personne morale. Il résulte de la constitution même de ce deuxième organe, et par suite de la volonté positive de Jésus-Christ, qu'il ne peut avoir l'exercice actuel et ordinaire du pouvoir suprême.

Il est bien évident que tous les évêques du monde ne peuvent pas être réunis en collége permanent auprès du successeur de saint Pierre; il est donc manifeste, par la nature même de cette personne morale, qu'elle ne peut exercer qu'accidentellement et dans des circonstances extraordinaires et exceptionnelles le pouvoir suprême dans l'Église.

Et il ne faut point oublier ici que la juridiction universelle et illimitée n'a été conférée qu'au collége comme tel, et nullement à chacun des membres de ce collége; ces membres, en tant que dispersés, n'ont comme tout le monde sait, qu'une juridiction limitée et dépendante. Et je n'ai pas ici à examiner si la juridiction épiscopale vient immédiatement de Dieu, ou médiatement par le Souverain-Pontife, selon l'opinion la plus commune et la mieux en harmonie avec les faits. Ce qui est hors de toute controverse, c'est que la juridiction épiscopale est limitée *intensive*, ou quant à l'ensemble des droits qui la constituent, et *extensive*, c'est-à-dire quant à l'étendue du territoire sur lequel elle s'exerce.

Voilà donc deux points absolument incontestables : 1° les évêques réunis au Pape, c'est-à-dire en tant que représentant et continuant le collége apostolique, ne reçoivent point leur pouvoir législatif d'une délégation papale ; ce collége comme tel ou le concile œcuménique est investi, de droit divin, du pouvoir de faire des lois pour l'Église universelle.

2° Les mêmes membres de l'épiscopat, à l'état de dispersion et d'isolement, n'ont qu'un pouvoir limité quant à son objet, et enchaîné à un territoire déterminé.

Le passage de l'état distributif à l'état collectif, si l'on peut s'exprimer de la sorte, est donc ici un fait capital. Et ce fait est entièrement, exclusivement dépendant de l'action personnelle du Chef de ce collége; c'est la convocation légitime du concile œcuménique qui confère l'exercice de cette juridiction universelle collective; sans ce fait elle resterait *in actu primo*, comme on dit dans l'école, c'est-à-dire un simple pouvoir radical lié et enchaîné. Ainsi donc cette juridiction dépend, du moins quant à son exercice, de la volonté du Pape.

Et de plus, l'état collectif n'a pas lieu et ne peut avoir lieu hors du centre autour duquel doit graviter l'Église universelle ; et ce centre immuable, toujours en évidence pour tous, est le sujet ordinaire du pouvoir souverain, le Pontife de Rome.

C'est donc ce sujet ordinaire, en même temps chef du collége apostolique, qui est le signe indubitable, le *criterium* unique du vrai collége apostolique. Ainsi l'identité de cette personne morale, le collége épiscopal, avec celle qui a reçu de Jésus-Christ le pouvoir souverain, le collége apostolique, ne peut se constater d'une manière certaine et authentique que par la présence de Pierre ; où est Pierre, là se trouve le sujet certain, incontestable du pouvoir suprême; et où Pierre fera défaut, là aussi le pouvoir suprême dans l'Eglise fera certainement défaut.

Ce pouvoir, en effet, n'est-il pas un et indivisible en lui-même ? Il ne peut donc être où n'est point celui qui en est le dépositaire certain. Et ceci doit s'entendre, comme on le voit assez, non d'une absence physique, mais de la séparation morale, c'est-à-dire du refus de concours et d'action commune. Et ainsi on peut dire rigoureusement qu'il n'y a dans le collége apostolique qu'un seul membre, *en lui-même*, absolument nécessaire, le Pape, parce qu'il constitue, dans sa personne physique, le signe caractéristique du vrai collége apostolique.

Quelles que soient donc, dans les conciles généraux, les dissidences des membres entre eux, quels que soient les suffrages exprimés, ceci ne peut faire méconnaître un seul instant le sujet des promesses de Jésus-Christ, et le vrai pouvoir législatif dans l'Église : *Ubi Petrus, ibi Ecclesia ;* et les évêques adhérents à Pierre restent avec lui les dépositaires certains des promesses du divin Rédempteur.

Et voilà comment Notre-Seigneur Jésus-Christ,

dans son infinie sagesse, a voulu exprimer dans l'organisme externe, l'unité indissoluble de son Eglise ; voilà comment, par la loi constitutionnelle du pouvoir souverain, il avait déjà pourvu à toutes les éventualités, et supprimé dès l'origine toute possibilité de conflit entre les deux organes de ce pouvoir, ou de dualisme réel dans la vraie société chrétienne : l'unité extérieure de l'Église *unitas regiminis*, est absolument indivisible et indestructible; et cela, non seulement à cause de l'assistance perpétuelle de l'Esprit-Saint, mais encore en vertu des admirables rapports organiques entre les deux sujets ou les deux organes du pouvoir suprême : et ainsi l'Église doit rester indivisible ou *vestis inconsutilis Christi.*

Aussi n'y a-t-il dans l'ordre humain aucun vestige de cette constitution de la souveraineté ; et il faut s'élever jusqu'à la contemplation de l'adorable Trinité pour trouver le modèle et le type de ce pouvoir. En Dieu nous voyons, en effet, une essence infinie, indivisible, sans aucune composition, et trois personnes possédant également et adéquatement cette même essence et agissant toutes par elle. Et ce rapport admirable entre cette souveraine monarchie divine, *una monarchia*, et le pouvoir dans l'Eglise, est indiqué par un célèbre monument de l'antiquité : la lettre du pape Symmaque à l'évêque d'Arles.

Et il importe encore de remarquer ici qu'alors même que le pouvoir suprême est exercé par le collége apostolique, il n'est ni enlevé à Pierre, ni suspendu ou amoindri en lui; mais l'action personnelle du Chef suprême de l'Église conserve toute son initiative et toute son intégrité; et ce point, qui ne peut être révoqué en doute par aucun catholique, découle évidemment, ce me semble, comme corollaire immédiat, de tout ce qui a été dit.

Ainsi donc aucun pouvoir intrinsèque n'est ajouté à celui du Pontife romain, par le fait de la réunion du collége épiscopal; mais il résulte néanmoins de ce fait une immense influence gouvernementale, tant de l'ordre naturel que de l'ordre surnaturel; et on peut croire avec fondement que Notre-Seigneur Jésus-Christ accorde des grâces spéciales, et, pour ce qui est de l'acceptation des décrets, un concours plus efficace à ces grandes assemblées de tous les princes de l'Église. Conséquemment il en résulte accession d'un grand pouvoir de l'ordre extrinsèque, et une vertu impétratoire d'une haute valeur aux yeux de Dieu.

Je n'ai pas besoin de dire que le concile œcuménique jouit du privilége et l'infaillibilité doctrinale. C'est là une vérité connue de tous les fidèles, et qu'aucun catholique n'a jamais révoquée en doute; et ceux qui ont osé s'élever contre l'infaillibilité du Pape, ont respecté celle du Concile.

Il est inutile aussi d'ajouter que cette prérogative ne découle pas des conditions naturelles de ces grandes assemblées, c'est-à-dire de la science et de la prudence de leurs membres, mais de l'assistance spéciale de l'Esprit Saint. (1)

(1) Quelques théologiens ont soulevé la question assez délicate de savoir d'où vient au concile son infaillibilité ? Est-ce simplement le résultat de son union avec le Pape, ou bien l'assistance de l'Esprit-Saint produirait-elle, non seulement l'adhésion constante du concile au successeur de Pierre, mais encore *immédiatement* la rectitude intrinsèque des décrets conciliaires touchant la foi et les mœurs du peuple chrétien ? Le R. P. Schrader (de *Unitate Romana*, page 322) soutient d'une manière absolue le sentiment qui fait de l'infaillibilité du concile une simple *dérivation* de celle du Pape : « *Infaillibilis ista assistentia Spiritus Sancti non est aliunde repetenda*

III

Maintenant, nous pouvons déduire de cette organisation, ainsi analysée, un premier principe pour déterminer les éléments dont se compose un concile œcuménique. Tous les membres de ce collége, qui succède réellement à celui des apôtres et hérite de toutes ses prérogatives, s'ils appartiennent adéquatement à cette succession, font de *droit divin* partie de ces conciles.

Mais pour établir avec précision en qui réside le droit inviolable de siéger dans ces grandes assemblées, il faut encore examiner si les actes des conciles ren-

quam a promissione divo Petro facta. Unde propter connexionem, quam supponimus dari inter episcopos et R. P. in concilio generali, episcopos illic congregatos nullo modo errare possunt. »

Ce point toutefois semble contreversable : Et si l'on envisage attentivement la doctrine des théologiens touchant la Tradition vivante, on trouvera, si je ne me trompe, les fondements sérieux de l'autre opinion. Voir R. P. Franzelin : *de divinâ Traditione*; Thes. V., VI.. VIII. etc.

trent dans le pouvoir d'ordre ou exclusivement dans celui de juridiction.

D'abord, on ne pourrait, sans une ignorance grossière, révoquer en doute que les opérations des conciles sont des actes juridictionnels : il faudrait pour cela méconnaître absolument la distinction très-obvie entre l'ordre et la juridiction, ce qui pourtant se rencontre encore parfois, même dans certains écrits destinés à l'instruction du public. Il s'agit, en effet, non pas de sanctifier les âmes par l'administration des sacrements, et l'usage des autres moyens institués pour cette fin, mais de régler la foi et les mœurs des fidèles par des lois dogmatiques ou disciplinaires ; il s'agit, en un mot, de l'exercice du pouvoir législatif. Tout ce qui se fait dans les conciles rentre donc par sa nature même dans le pouvoir de juridiction.

Toutefois, bien qu'il s'agisse, sans aucun doute, d'actes juridictionnels, il ne suit pas immédiatement et évidemment de ce fait que le droit de siéger ne puisse aussi résulter du seul pouvoir d'ordre. La juridiction dans ces conciles est, en effet, très-distincte de la juridiction ordinaire des évêques, et appartient même à un ordre supérieur : c'est, comme nous l'avons dit, une juridiction universelle conférée par Notre-Seigneur Jésus-Christ à un collége comme tel, et par conséquent de droit divin, et non de simple droit ecclésiastique. Et, sur ce point, tout le monde, ce me semble, est d'accord, ou du moins toute divergence d'opinions est plutôt verbale que réelle. Il s'agit donc uniquement de savoir à quelle condition est attachée cette juridiction universelle.

L'ordre seul, sans la juridiction particulière, pourrait assurément, par la volonté positive de Jésus-Christ, constituer cette condition ; il impliquerait ainsi une relation intrinsèque à ce pouvoir de juridiction universelle, qu'il ferait jaillir du caractère épiscopal par le seul fait de la convocation ou de la réunion actuelle de l'Épiscopat en concile.

D'après ces considérations générales et ce double critérium établi, il est hors de doute ; 1° que tous les évêques actifs ou ayant la juridiction actuelle, sont de droit commun, c'est-à-dire de *droit divin*, membres des conciles œcuméniques et définiteurs dans ces assemblées. Et un évêque, dans ces conditions, ne saurait être exclu, sans qu'il y eut violation flagrante du droit et un certain vice de forme dans la convocation. Cette exclusion ne pourrait être légitimement prononcée qu'autant que celui qui en est l'objet aurait, pour de graves délits, encouru une sentence d'excommunication, ou serait tombé, d'une manière notoire, dans le schisme ou l'hérésie. Dans toutes ces hypothèses, il serait retranché de la communion du Pasteur suprême de l'Église, et par là même séparé et expulsé du collège apostolique. Aucune difficulté n'est donc possible sur ce point : et tout évêque ayant la juridiction actuelle est, de droit divin, membre du concile général.

Bien que la juridiction qui s'exerce dans les conciles soit différente, ainsi que nous l'avons dit, de la simple juridiction épiscopale, et même d'un autre ordre, néanmoins il est évident que par la volonté positive de Jésus-Christ, cette juridiction, par le seul fait de la réunion légitime en concile œcuménique, est acquise aux évêques qui ont actuellement le pouvoir gouvernemental dans un diocèse. Ils se trouvent incontestablement dans toutes les conditions auxquelles cette juridiction universelle est attachée.

2° Il n'est pas moins évident, ce me semble, que tous ceux qui n'ont point le caractère épiscopal n'ont pas, de droit divin, la faculté de siéger et voix délibérative dans les conciles généraux. Ainsi les cardinaux non évêques ne sont pas de droit divin, mais de droit ecclésiastique seulement, juges dans les conciles. Toutefois, nous devons dire ici que Suarez (1) présente la chose comme assez douteuse: « Cardinales nunc ex jure ordinario pertinent ad generale concilium, sive id habeant a *jure divino*, sive *pontificio* » ; et il ajoute que cette question est subordonnée à celle-ci : la dignité cardinalice est-elle d'origine divine ou d'origine humaine ?

Mais bien que Turrecremata prétende, avec quelques autres, que cette dignité est d'origine divine, néanmoins cette opinion a peu de probabilité. Il semble donc certain que les cardinaux eux-mêmes, du moins les cardinaux non évêques, bien qu'ayant

(1) *De Fide*, disp. XI, sect. I, n. 17.

dans les conciles la préséance sur les évêques, n'ont le droit de suffrage décisif qu'en vertu d'une délégation pontificale: du reste, en tant que participant d'une manière habituelle à la juridiction suprême du Pape, ils sont comme de droit ordinaire investis du pouvoir de siéger en juges dans les conciles.

Pour les généraux d'ordre et les abbés, on ne pourrait soulever sur ce point la moindre difficulté : il n'y a pas même un droit coutumier bien constant touchant les abbés, et les Papes ne leur ont jamais concédé le droit de suffrage d'une manière générale (1). Ils sont néanmoins en possession non interrompue de ce privilége, depuis le premier Concile de Lyon.

3° Mais la chose est beaucoup moins évidente, soit qu'on incline à affirmer ou à nier, quand il s'agit des évêques *titulaires*. Toutefois, s'il était question d'un évêque missionnaire, il ne pourrait y avoir lieu à aucun doute sérieux: s'il est vrai qu'il évangélise des peuples étrangers à son Église titulaire, il n'est pas

(1) Suarez. l. c., n. 18.

moins certain qu'il exerce la juridiction épiscopale ; il réunit évidemment le double pouvoir requis. La difficulté existe donc seulement par rapport aux simples évêques titulaires, c'est-à-dire sans aucune juridiction. On s'est beaucoup occupé de cette question en France dans ces derniers temps, mais parfois peut-être avec plus d'abondance oratoire que de précision théologique.

Il résulte d'abord, d'une manière assez claire, des principes établis que le droit de ces évêques est très-contestable ; il n'est donc pas étonnant que sur ce point nous trouvions parmi les théologiens et les canonistes une certaine divergence d'opinions. Il est, en effet, des raisons graves qui militent pour l'affirmative, et d'autres, non moins sérieuses, pour la négative.

Un évêque, par le seul fait de son ordination, est agrégé au corps épiscopal, et par là même semble devenir membre de droit d'un concile œcuménique ; il doit, en effet, devenir participant de cette juridiction universelle promise au corps épiscopal comme tel. Aussi Catalano (1) paraît-il embrasser l'opinion

(1) *Proleg. in conc.*, c. XIII

qui fait résulter de la seule consécration épiscopale le droit de siéger, ou du moins le droit de suffrage décisif, dans ces conciles : « Soli Episcopi, dit-il, ex constitutione divina, seu *vi characteris episcopalis*, jus habent ferendi judicium definitivum in conciliis. » On apporte aussi en faveur de cette opinion le témoignage de Bellarmin et des théologiens qui, parlant du droit de siéger, disent sans restriction : » Nullus excludatur dummodo constet eum esse episcopum (1). Mais ces textes ne sont pas suffisamment précis et déterminés pour constituer ici un argument d'autorité: ces théologiens, en effet, envisagent la question d'une manière générale, sans s'occuper spécialement du point qu'il s'agit ici de préciser; et où la question n'est pas même posée, beaucoup moins est-elle résolue.

Ils ne partent point de la distinction entre les evêques actifs qui appartiennent adéquatement à l'Episcopat, et les évêques titulaires qui n'ont que le seul caractère épiscopal.

(1) *De Eccl. et conc.*, l. I, c. XV.

12

Or, il importe de ne point perdre de vue qu'il ne s'agit pas ici d'un droit quelconque d'assistance, et même de suffrage décisif. La question, pour le dire encore une fois, est celle-ci : Les évêques *in partibus* ont-ils, non-seulement, de droit ecclésiastique, écrit ou coutumier, mais, de *droit divin,* la faculté de siéger en juges dans les conciles œcuméniques? L'oubli de cette distinction conduit naturellement au sophisme vulgaire nommé *ignoratio elenchi.* Et il est souvent curieux de voir certains canonistes trancher d'un trait de plume la difficulté, avant même de savoir en quoi elle consiste.

IV

Maintenant, si nous appliquons ici l'autre principe que nous avons établi, l'opinion négative prendra une sérieuse consistance : l'évêque titulaire semble, en effet, être étranger à une assemblée qui a pour but unique l'exercice du pouvoir de juridiction et le gouvernement du peuple chrétien ; la nature de l'acte à exercer tend ici à établir l'incompétence d'un juge sans pouvoir pour cet ordre de choses. S'il n'a pas même la juridiction limitée, si jusqu'alors il n'a pas en réalité fait partie de l'Église enseignante, comment aurait-il la juridiction universelle, dont la première semble être le principe nécessaire, ou du moins la condition indispensable? Dans l'hypothèse contraire on verrait un prélat dégagé de toute responsabilité et de tout devoir touchant l'exécution des lois, posséder un droit strict et absolu de légiférer, ce qui constituerait un fait anormal. La deuxième règle milite donc pour la négative, comme la première constitue le fondement de l'opinion affirmative.

D'autre part, si l'on considère que le pouvoir juridictionnel en général a été conféré par Notre-Seigneur en dehors de la consécration épiscopale, si l'on se souvient que certains théologiens partent de cette collation pour faire dériver de Dieu même, médiatement ou immédiatement, la juridiction ordinaire des évêques, si enfin l'on ne perd point de vue que cette juridiction dépend certainement, au moins comme condition, de la volonté du Pape, il semblera naturel que la juridiction extraordinaire soit exclusivement attachée à la juridiction ordinaire. Et ce point est tellement probable que le plus illustre représentant de l'autre opinion, Lucius Ferraris, fait résulter le droit des évêques titulaires de leur juridiction *in actu primo*, et nullement du seul caractère épiscopal.

Toute la question revient donc à ceci : Notre-Seigneur Jésus-Christ a-t-il voulu attacher cette juridiction universelle au seul caractère épiscopal, ou a-t-il voulu qu'elle fût le simple épanouissement de la juridiction limitée? Le passage à l'état collectif ferait simplement disparaître les limites de la juridiction. Il s'agit donc d'une institution positive que l'usage de l'Église pourrait seul manifester, au moins d'une manière certaine : si, en fait, on a toujonrs mis une différence entre ces évêques et ceux qui ont la juridiction, si la pratique de l'Église n'a pas été constante par rapport aux évêques titulaires, si l'on a considéré leur admission comme une faveur et non comme l'exercice d'un droit, la difficulté me semble résolue. L'Église aurait déclaré, par le fait, que ce droit de suffrage décisif est, par la volonté positive de Jésus-Christ, annexé à la juridiction épiscopale, et non à l'ordre comme tel. Si donc le fait attesté par Suarez (1) : *ita habet usus*, est exact, l'opinion affirmative conserverait peu de probabilité. Il est absolument impossible qu'un fait impliquant violation du droit divin, soit sanctionné ou formellement accepté et ratifié par le pouvoir directif dans l'Église et passe à l'état de coutume.

Mais il faut ajouter ici que cet usage invoqué par le célèbre théologien, est loin d'être chose absolument certaine et avérée. Aussi quelques auteurs graves, comme Thomassin, Bolgeni, etc, affirment-ils l'existence d'une pratique contraire. Ce qui est hors de doute, c'est que tous les évêques catholiques ont été admis au concile de Trente, sans distinguer entre ceux qui ont la juridiction et les simples titulaires.

S'il m'était permis d'émettre mon sentiment particulier touchant les deux opinions qui, sur ce point, partagent les théologiens, j'introduirais d'abord une distinction entre le *droit de siéger* et le *droit de suf-*

(1) *De Fide.*, disp. XI, sect. I, n. 18.

frage. Il me semble que les simples évêques titulaires n'ont pas, de droit divin, la faculté de siéger dans les conciles, et qu'ils sont sous ce rapport dans les mêmes conditions que les cardinaux, moins l'antiquité et la stabilité de la coutume. C'est donc, ou en vertu du seul droit ecclésiastique, s'il y a coutume suffisante pour prescrire, ou d'une simple délégation, dans le cas contraire, qu'ils sont membres des conciles œcuméniques.

Mais, dès qu'une fois ils sont convoqués par le Chef de l'Église, ils sont alors, par ce fait même, investis transitoirement de la juridiction touchant les matières conciliaires ; et alors faisant adéquatement partie de l'Église *regens et docens*, ils deviennent, de droit divin, définiteurs dans le Concile.

CHAPITRE XIII

TRIPLE FONCTION DU POUVOIR SOUVERAIN DANS L'ÉGLISE.

I

Le pouvoir suprême dans l'Église, ainsi déterminé à l'état concret, jouit nécessairement de toutes les prérogatives inhérentes à la nature même de la souveraineté ; en vertu du principe absolument primordial dans l'ordre logique : une chose ne peut pas être et n'être pas en même temps, il reste évident et hors de toute contestation que, s'il y a dans l'Église un pouvoir véritable, il doit nécessairement jouir des propriétés qui sont essentielles au pouvoir, comme tel. S'il en était autrement, on devrait dire qu'il est et n'est pas en même temps, car il s'agit ici des propriétés qui le constituent intrinsèquement.

Il possède donc les prérogatives générales dont

l'ensemble constitue l'essence même de l'autorité souveraine. Mais ce pouvoir jouit en outre de prérogatives spéciales de l'ordre surnaturel : il s'agit ici d'un don positif conféré par Notre-Seigneur Jésus-Christ, et exigé d'ailleurs, comme nous le montrerons, par la nature même de la société à régir. Nous allons indiquer rapidement ces prérogatives générales, c'est-à-dire déterminer les attributs essentiels de la souveraineté, soit spirituelle, soit temporelle.

On appelle, en général, puissance ou pouvoir, toute faculté d'agir ; et on nomme, en particulier, pouvoir social la faculté de régir la société. Or régir la société n'est autre chose que la conduire à sa fin propre ou à la possession du bien auquel elle est ordonnée. Et de même que la fin sociale est toute la raison d'être d'une société, comme telle, ainsi le discernement authentique et l'usage uniforme des véritables moyens d'atteindre cette fin, sont toute la raison d'être du pouvoir social. Et on peut déduire de là le principe général qui définit l'étendue de l'action gouvernementale sur les membres de la société : Le pouvoir peut légitimement exiger tout ce qui est nécessaire pour atteindre la fin sociale ; mais il ne peut exiger ce qui n'est point nécessaire en vue de cette fin (1) ».

Il est donc manifeste que l'autorité ecclésiastique peut prescrire tout ce qui est nécessaire pour parvenir à la fin de la société religieuse ; et à ce droit d'exiger correspond chez les individus, ou chez les fidèles, le devoir de fournir ou de procurer, en un mot, d'obéir. Et ces principes nous conduisent immédiatement à la détermination des prérogatives essentielles du pouvoir souverain dans l'Église : En tant qu'il peut imposer et rendre obligatoires les moyens qui conduisent chacun des fidèles à sa fin, il jouit du pouvoir *législatif*. Et ce pouvoir peut atteindre soit les intelligences elles-mêmes pour les diriger dans les voies de la vérité et du salut, soit les actions extérieures pour les régler en vue de la fin so

(1) Potestas exigere jure potest quæ sunt necessaria ad finem consequendum ; quæ non sunt necessaria, non potest.
Tarquini, *Juris. publi ecc.*, l. I, c. I, art. 1, n. 8

ciale : dans le premier cas, la loi édictée est appelée dogmatique, et dans le deuxième, disciplinaire.

Mais il importe souverainement ici de bien comprendre la vraie nature de l'action législative de l'Église, lorsqu'elle s'exerce sur les intelligences ou dans le domaine de la foi : il y a, en effet, ici à dévoiler une erreur capitale et très-hypocrite, qui voudrait ramener cette action législative au rôle d'un simple enseignement scientifique, et qui par là même nie implicitement l'existence d'un pouvoir législatif proprement dit.

Un enseignement scientifique, en effet, a pour but et pour caractère de produire la conviction dans les esprits, à l'aide d'arguments : et il tire toute son autorité et son efficacité de la valeur intrinsèque des raisons alléguées ; il procède par affirmations hypothétiques ou thèses, qu'il fait pénétrer dans les esprits par voie de démonstration. Une loi dogmatique, au contraire, exige l'assentiment intime, non à cause des raisons intrinsèques qui établissent la vérité promulguée, mais en vertu de l'autorité même de celui qui la porte. Ainsi, dans le premier cas, l'adhésion de l'esprit revient à la conviction produite immédiatement par les motifs et les raisons alléguées ; et la certitude résulte de l'évidence, soit de vérité, soit de crédibilité, des principes et de leur connexion perçue avec les déductions : dans le deuxième, au contraire, l'assentiment est rendu obligatoire par l'autorité même du principe directif qui proclame une vérité ; et la certitude résulte de la seule affirmation, qui, de sa nature, est irréfragable et authentique, à cause de sa connexion infaillible avec l'autorité et véracité divines : c'est en tant qu'organe extérieur de Dieu, si l'on peut ainsi parler, que l'Église, dès qu'elle rend témoignage de ce qui a été révélé, doit obtenir créance par le fait même qu'elle témoigne. Ce témoignage en effet est la parole même de l'Esprit-Saint (1).

Il est vrai que l'autorité de l'Église n'est point le motif dernier ou fondamental de notre foi ; mais cette autorité est le principe directif irréfragable, indissolublement lié au motif fondamental, l'autorité de Dieu qui révèle. Et c'est en ce sens que les

(1) Wirceburg. de fide Thoil. C. III Ar. 4.

théologiens enseignent : « Fides *directivè* sumpta potest resolvi in auctoritatem Ecclesiæ. (1)

L'autorité de l'Église, présentée comme motif formel, de la foi, suppose donc, dans le croyant mu par ce motif, certaines connaissances préalables qui font de ses actes subjectifs des actes à la fois très-prudents et très-certains. Il doit connaître, outre la mission divine de l'Église, le fait de la révélation surnaturelle, et partant les motifs de crédibilité qui en garantissent et en attestent l'origine divine. (2)

Et ce point constitue la différence radicale entre l'enseignement évangélique ou rationaliste des protestants et le *magisterium Ecclesiæ* : d'un côté, le libre examen ou contrôle conféré à tous les individus,

(1) R. P. Franzelin. appendix tract. de Trad. et Script., pag. 693.

(2) Ceux qui voudraient avoir une connaissance précise et distincte de cette question théologique, ne trouveront nulle part une analyse plus nette, plus concise et plus claire de l'acte de foi, que celle qu'a donnée le Révérend Père Franzelin dans l'ouvrage cité plus haut. L'illustre professeur, dans cette partie de son travail, comme dans tout ses autres traités, se montre vraiment le digne successeur des Bellarmin, des Suarez et des Delugo.

et la foi (protestante) résultant de la seule conviction subjective que chaque individu se forme à son gré, ou plutôt étant une seule et même chose avec cette conviction ; de l'autre, l'assentiment exigé par le seul fait que le pouvoir souverain dans l'Église a parlé ; d'un côté la négation de tout pouvoir législatif, autre que la raison individuelle ou plutôt le caprice de chaque protestant ; de l'autre l'affirmation de cette autorité divinement conférée, et que tous les siècles ont reconnue.

Et l'on voit ici une fois de plus comment tout chrétien véritable doit apprécier cette *liberté de conscience* qu'on voudrait attribuer à chaque fidèle par rapport au pouvoir directif dans l'Église. Il est évident que cette liberté n'est autre chose que ce dogme fondamental du protestantisme, que nous venons de rappeler, et la négation implicite de tout pouvoir doctrinal.

Ne tend-elle pas, en effet, à affirmer que le chrétien est *moralement* libre de refuser ou de suspendre son assentiment à une loi dogmatique, jusqu'à ce qu'il ait acquis, par l'évidence des preuves, la conviction personnelle de la vérité proposée ? Il s'agit donc purement et simplement du libre examen protestant. Et voici une nouvelle confirmation de ce qui a été dit précédemment (1), et une nouvelle preuve qu'un certain libéralisme, dit catholique, a le sens des choses de la foi très-émoussé, pour ne rien dire de plus.

II

Mais si l'on ne peut refuser au pouvoir souverain dans l'Église la faculté de faire des lois proprement dites, sans nier par là même l'existence de ce pouvoir, il est vrai aussi que cette faculté exige, comme son complément indispensable, le pouvoir judiciaire et le pouvoir coërcitif.

Il est bien évident que, dans l'Église, beaucoup moins encore que dans la société civile, les moyens sociaux, déterminés par les lois, ne peuvent être laissés à la libre appréciation : ces moyens ne sau-

(1) Chap. VII et VIII.

raient être efficaces ou conduire à la fin sociale qu'autant que l'application ou l'usage de chacun d'eux sera objectivement et en soi régulier.

De plus, sans une interprétation authentique des lois générales, la concorde des intelligences, l'union des volontés, la coordination des actes ne pourraient avoir lieu, et par là même l'unité réelle et vivante de la société chrétienne cesserait d'exister. Or, si chacun était libre de fixer le sens des lois selon son bon plaisir, son degré de lumières, et surtout selon ses intérêts et ses convoitises, toute cohésion sociale serait réellement détruite, et ainsi le pouvoir législatif reviendrait, comme nous le disions précédemment, à un pur enseignement spéculatif livré à l'arbitraire des hommes. Le pouvoir *judiciaire* est donc un deuxième attribut essentiel de l'autorité suprême dans l'Église.

Ce pouvoir est beaucoup plus nécessaire encore à la société religieuse qu'à la société civile; car la fin sociale, étant d'un ordre plus élevé, est par là même plus éloignée; et ainsi la détermination précise du rapport de la loi au fait, des moyens à la fin, présentant plus de difficultés, est moins accessible à l'intelligence de chacun des individus.

L'exercice du pouvoir judiciaire en général implique un double jugement, l'un appréciant le droit, et l'autre le fait ; il suppose donc la détermination du véritable sens de la loi. Or, il est de la dernière évidence que tous les membres de l'Église ne sont pas capables de porter avec justesse et précision ce double jugement. Donc, encore une fois, sans le pouvoir judiciaire, la société cesserait d'être un moyen efficace de parvenir au bien qui constitue la fin commune.

Il appartient donc au pouvoir dans l'Église de fixer le véritable sens des lois dogmatiques et disciplinaires, et de porter un jugement définitif sur la conformité des actes des fidèles à ces mêmes lois.

III

Mais le pouvoir judiciaire, de même que le pouvoir législatif, n'agit que sur les intelligences et les volontés, en créant une obligation morale de suivre une voie nettement déterminée ; et la volonté des sujets reste physiquement libre de se soumettre ou de résister. Si donc l'autorité ecclésiastique, de même que l'autorité civile et politique, n'avait que la double faculté de faire des lois, et ensuite de définir ce qui concerne leur application, l'unité extérieure de la société dépendrait uniquement du bon vouloir des individus : ainsi la société ne pourrait se maintenir qu'autant que chacun des membres se soumettrait parfaitement à la loi morale, et obéirait toujours au *dictamen* de la conscience.

Quand donc toute perversité aura cessé d'exister sur la terre, quand aucune passion ne viendra plus troubler le cœur de l'homme, quand toutes les facultés subalternes et tous les instincts seront parfaitement soumis à l'empire de la droite raison, le pouvoir législatif et le pouvoir judiciaire seuls suffiront dans une société ; et la souveraineté consistera dans cette double faculté. En attendant cet heureux état, il faut que le pouvoir *coërcitif* vienne dompter les volontés rebelles et faire fléchir, même par la force physique, la perversité sous le joug de la loi.

D'un côté, l'usage effectif des moyens est nécessaire ; d'autre part l'ordre d'exécution ne peut être garanti que par ce troisième attribut du pouvoir souverain, qui par là même devient indispensable.

Il est donc impossible que l'unité extérieure d'une société aussi complexe et aussi vaste que l'Église se maintienne sans un certain pouvoir coërcitif ; ainsi dénier à l'autorité supérieure, dans la société de Jésus-Christ, le droit de dompter la contumace par des peines salutaires, propres à la société religieuse, revient à nier en fait cette vérité capitale : l'Église est une société visible et extérieure.

L'emploi de la force physique, pour assurer l'exécution des lois de l'Église, peut aussi avoir lieu (1), soit qu'il y ait ou non appel au bras séculier. Dans le cas de recours, le pouvoir civil exerce cette prérogative que les canonistes nomment *jus advocatiæ*, et qui n'est autre chose que la faculté de défendre l'Église.

Nous pouvons donc conclure d'une manière géné-

(1) Syll., art. XXIV.

rale que le pouvoir souverain dans l'Église est à la fois législatif, judiciaire et coërcitif, et qu'il ne peut se dépouiller de l'un ou de l'autre de ces attributs sans cesser d'exister, ou sans devenir un pur être logique; et la société chrétienne elle-même ne saurait être privée de ce triple droit par rapport à chacun de ses membres, sans passer de l'état concret à l'état abstrait ou purement possible. Et c'est là précisément ce que veulent les ennemis de l'Église lorsqu'ils préconisent si fort une société purement spirituelle : ce qui dans leur pensée veut dire société abstraite, ou cessant de figurer dans l'ordre des choses existantes.

SYLLABUS

Articles cités ou indiqués dans le cours de cet ouvrage.

§ 1.

Pantheismus, Naturalismus et Rationalismus absolutus.

I. Nullum supremum, sapientissimum, providentissimumque Numen divinum exsistit ab hac rerum universitate distinctum, et Deus idem est ac rerum natura et idcirco immutationibus obnoxius, Deusque reapse fit in homine et mundo, atque omnia Deus sunt et ipsissimam Dei habent substantiam ; ac una eamdemque res est Deus cum mundo, et proinde spiritus cum materia, necessitas cum libertate, verum cum falso, bonum cum malo, et justum cum injusto.

II. Neganda est omnis Dei actio in homines et mundum.

III. Humana ratio, nullo prorsus Dei respectu habito, unicus est veri et falsi, boni et mali arbiter, sibi ipsi est lex et naturalibus suis viribus ad hominum ac populorum bonum curandum sufficit.

IV. Omnes religionis veritates ex nativa humanæ rationis vi derivant ; hinc ratio est princeps norma qua homo cognitionem omnium cujuscumque generis veritatum assequi possit ac debeat.

V. Divina revelatio est imperfecta et idcirco subjecta continuo et indefinito progressui qui humanæ rationis progressioni respondeat.

VI. Christi fides humanæ refragatur rationi : divinaque revelatio non solum nihil prodest, verum etiam nocet hominis perfectioni.

§ II.

Rationalismus moderatus.

VIII. Quum ratio humana ipsi religioni æquiparetur; idcirco theologicæ disciplinæ perinde ac philosophicæ tractandæ sunt.

IX. Omnia indiscriminatim dogmata religionis christianæ sunt objectum naturalis scientiæ seu philosophiæ ; et humana ratio historice tantum exculta potest ex suis naturalibus viribus et principiis ad veram de omnibus etiam reconditioribus dogmatibus scientiam pervenire, modo hæc dogmata ipsi rationi tamquam objectum proposita fuerint.

X. Quum aliud sit philosophus, aliud philosophia, ille jus et officium habet se submittendi auctoritati, quam veram ipse probaverit; at philosophia neque potest neque debet ulli sese submittere auctoritati.

XI. Ecclesia non solum non debet in philosophiam unquam animadvertere, verum etiam debet ipsius philosophiæ tolerare errores, eisque relinquere ut ipsa se corrigat.

XII. Apostolicæ Sedis, romanarumque Congregationum decreta liberum scientiæ progressum impediunt.

XIII. Methodus et principia, quibus antiqui Doctores scholastici Theologiam excoluerunt, temporum nostrorum necessitatibus scientiarumque progressui minime congruunt.

XIV. Plilosophia tractanda est, nulla supernaturalis revelationis habita ratione.

§ III.

Indifferentismus, Latitudinarismus.

XV. Liberum cuique homini est eam amplecti ac profiteri religionem, quam rationis lumine quis ductus veram putaverit.

XVI. Homines in cujusvis religionis cultu viam æternæ salutis reperire æternamque salutem assequi possunt.

XVII. Saltem bene sperandum est de æterna illorum omnium salute, qui in vera Christi Ecclesia nequaquam versantur.

XVIII. Protestantismus non aliud est quam diversa veræ ejusdem christianæ religionis forma, in qua æque ac in Ecclesia catholica Deo placere datum est.

§ V.

Errores de Ecclesia ejusque juribus.

XIX, Ecclesia non est vera perfectaque societas plane libera, nec pollet suis propriis et constantibus juribus sibi a divino suo fundatore collatis, sed civilis potestatis est definire quæ sint Ecclesiæ jura ac limites, intra quos eadem jura exercere queat.

XX Ecclesiastica potestas suam auctoritatem exercere non debet absque civilis gubernii venia et assensu.

XXI. Ecclesia non habet potestatem dogmatice definiendi, religionem catholicæ Ecclesiæ esse unice veram religionem.

XXII. Obligatio, qua catholici magistri et scriptores omnino adstringuntur, coarctatur in iis tantum quæ ab infallibili

Ecclesiæ judicio veluti fidei dogmata ab omnibus credenda proponuntur.

XXIII. Romani Pontifices et Consilia œcumenica a limitibus suæ potestatis recesserunt, jura Principum usurparunt, atque etiam in rebus fidei et morum definiendis errarunt.

XXIV. Ecclesia vis inferendæ potestatem non habet, neque potestatem ullam temporalem directam vel indirectam.

XXV. Præter potestatem episcopatui inhærentem, alia est attributa temporalis potestas a civili imperio vel expresse vel tacite concessa, revocanda propterea, cum libuerit, a civili imperio.

XXVI. Ecclesia non habet nativum ac legitimum jus acquirendi ac possidenti.

XXVII. Sacri Ecclesiæ ministri Romanusque Pontifex ab omni rerum temporalium cura ac dominio sunt omnino excludendi.

XXVIII. Episcopis, sine Gubernii venia, fas non est vel ipsas apostolicas litteras promulgare.

XXIX Gratiæ a Romano Pontifice concessæ existimari debent tanquam irritæ, nisi per Gubernium fuerint imploratæ.

XXX. Ecclesiæ et personarum ecclesiasticarum immunitas a jure civili ortum habuit.

XXXIII. Non pertinet unice ad ecclesiasticam jurisdictionis potestatem proprio ac nativo jure dirigere theologicarum rerum doctrinam.

XXXIV. Doctrina comparantium Romanum Pontificem Principi libero et agenti in universa Ecclesia, doctrina est quæ medio ævo prævaluit.

XXXV. Nihil vetat, alicujus Concilii generalis sententia aut universorum populorum facto, summum Pontificatum ab Romano Episcopo atque Urbe ad alium Episcopum aliamque civitatem transferri.

XXXVI Nationalis concilii definitio nullam aliam admittit disputationem, civilisque administratio rem ad hosce terminos exigere potest.

XXXVII. Institui possunt nationales Ecclesiæ ab auctoritate Romani Pontificis subductæ planeque divisæ.

§ VI.

Errores de societate civili tum in se, tum in suis ad Ecclesiam relationibus spectata.

XXXIX. Reipublicæ status, ut pote omnium jurium origo et fons, jure quodam pollet nullis circonscripto limitibus.

XL. Catholicæ Ecclesiæ doctrina humanæ societatis. bono et commodis adversatur.

XLI. Civili potestati vel ab infideli imperante exercitæ competit potestas indirecta negativa in sacra; eidem proinde competit nedum jus quod vocant *exequatur*, sed etiam jus *appellationis*, quam nuncupant, *ab abusu*.

XLII. In conflictu legum utriusque potestatis, jus civile prævalet.

XLIII. Laica potestas auctoritatem habet rescindendi, declarandi ac faciendi irritas solemnes conventiones (vulgo *Concordita*) super usu jurium ad ecclesiaticam immunitatem pertinentium cum Sede Apostolica initas, sine hujus consensu, immo et eat reclamante.

XLIV. Civilis auctoritas potest se immiscere rebus quæ ad religionem, mores et regimen spirituale pertinent. Hinc potest de instructionibus judicare, quas Ecclesiæ pastores ab conscientiarum normam pro suo munere edunt, quin etiam potest de divinorum sacramentorum administratione et dispositionibus ad ea suspicienda necessariis decernere.

XLV. Totum scholarum publicarum regimen, in quibus juventus christianæ alicujus Reipublicæ instituitur; episcopalibus dumtaxat seminariis aliqua ratione exceptis, potest ac debet attribui ut nullum alii cuicumque auctoritati recognoscatur jus immiscendi se in disciplina scholarum, in regimine studiorum, in graduum collatione, in delectu aut approbatione magistrorum.

XLVI. Immo in ipsis clericorum seminariis methodus studiorum adhibenda civili auctoritati subjicitur.

XLVII. Postulat optima civili societatis ratio, ut populares scholæ, quæ patent omnibus cujusque et populo classis pueris, ac publica universim Instituta, quæ litteris severioribusque disciplinis tradendis et educationi juventutis curandæ sunt destinata, eximantur ab omni Ecclesiæ auctoritate, moderatrice vi et ingerentia, plenoque civilis ac politicæ auctoritatis arbitrio subjiciantur ad imperantium placita et ad communium ætatis opinionum amussim.

XLVIII. Catholicis viris probari potest ea juventutis intistuendæ ratio, quæ sit a catholica fide et ab Ecclesiæ potestate sejuncta, quæque rerum dumtaxat naturalium scientiam ac terrenæ socialis vitæ fines tantummodo vel saltem primarium spectet.

IL. Civilis auctoritas potest impedire quominus sacrorum Antistites et fideles populi cum Romano Pontifice libere ac mutuo communicent.

L. Laïca autoritas habet per se jus præsentandi episcopos et potest ab illis exigere ut ineant diæcesium procurationem antequam ipsi canonicam a S. Sede institutionem et apostolicas litteras accipiant.

LI. Immo laïcum Gubernium habet jus deponendi ab exercitio pastoralis ministerii episcopos, neque tenetur obedire Romano Pontifici in iis quæ episcopum et episcoporum respiciunt institutionem.

LII. Gubernium potest suo jure immutare ætatem ab Ecclesia

præscriptam pro religiosa tam mulierum quam virorum professione, omnibusque religiosis familiis indicere, ut neminem sine suo permissu ad solemnia vota nuncupanda admittant.

LIII. Abrogandæ sunt leges quæ ad religiosarum familiarum statum tutandum, earumque jura et officia pertinent; immo potest civile gubernium iis omnibus auxilium præstare, qui a suscepto religiosæ vitœ instituto deficere ac solemnia vota frangere velint pariterque potest, religiosas easdem familias perindeac collegiatas Ecclesias et beneficia simplicia etiam juris patronatus penitus extinguere, illorumque bona et reditus civilis potestatis administrationi et arbitrio subjicere et vindicare.

LIV. Reges et Principes non solum ab Ecclesiæ jurisdictione eximuntur, verum etiam in quæstionibus jurisdictionis dirimendis superiores sunt Ecclesia.

LV. Ecclesia a Statu, Statusque ab Ecclesia sejungendus est.

§ VII.

Errores de Ethica naturali et christiana.

LVI. Morum leges divina haud egent sanctione, minimeque opus est ut humanæ leges ad naturæ jus conformentur aut obligandi vim a Deo accipiant.

LVII. Philosophicarum rerum morumque scientia, itemque civiles leges possunt et debent a divina et ecclesiastica auctoritate declinare.

LVIII. Aliæ vires non sunt agnoscendæ nisi illæ quæ in materia positæ sunt, et omnis morum disciplina honestasque collocari debet in cumulandis et augendis quovis modo divitiis ac in voluptatibus explendis.

LIX. Jus in materiali facto consistit, et omnia hominum officia sunt nomen inane; et omnia humana facta juris vim habent.

LX. Auctoritas nihil aliud est nisi numeri et materialium virium summa.

LXI. Fortunata facti injustitia nullum juris sanctitati detrimentum affert.

LXIII. Legitimis principibus obedientiam detrectare, immo et rebellare licet.

LXIV. Tum cujusque sanctissimi juramenti volatio, tum quælibet scelesta flagitiosaque actio sempiternæ legi repugnans, non solum haud est improbanda, verum etiam omnino licita summisque laudibus efferenda, quando ia pro patriæ amore agatur.

§ VIII

Errores de matrimonio christiano.

LXV. Nulla ratione ferri potest, Christum evexisse matrimonium ad dignitatem sacramenti.

LXVII. Jure naturæ matrimonii vinculum non est indissolubile. et in variis casibus divortium proprie dictum auctoritate civili sanciri potest.

LXVIII. Ecclesia non habet potestatem impedimenta matrimonium dirimentia inducendi, sed ea potestas civili auctoritati competit a qua impedimenta existentia tollenda sunt.

LXIX. Ecclesia sequioribus sæculis dirimentia impedimenta inducere cœpit, non jure proprio, sed illo jure usa, quod a civili potestate mutuata erat.

LXX. Tridentini canones qui anathematis censuram illis inferunt qui facultatem impedimenta dirimentia inducendi Ecclesiæ negare audeant, vel non sunt dogmatici vel de hac mutuata potestate intelligendi sunt.

LXXI. Tridentini forma sub infirmitatis pœna non obligat, ubi lex civilis aliam formam præstituat, et velit hac nova forma interveniente matrimonium valere.

LXXIII. Vi contractus mere civilis potest inter christianos constare veri nominis matrimonium; falsumque est, aut contractum matrimonii inter christianos semper esse sacramentum, aut nullum esse contractum, si sacramentum excludatur.

LXXIV. Causæ matrimoniales et sponsalia suapte natura ad forum civile pertinent.

§ X.

Errores qui ad liberalismum hodiernum referuntur.

LXXVII. Ætate hac nostra non amplius expedit, religionem catholicam haberi tamquam unicam status religionem, ceteris quibuscumque cultibus exclusis.

LXXVIII. Hinc laudabiliter in quibusdam catholici nominis regionibus lege cautum est, ut hominibus illuc immigrantibus liceat publicum proprii cujusque cultus exercitium habere.

LXXIX. Enim vero falsum est, civilem cujusque cultus libertatem, itemque plenam potestatem omnibus attributam quaslibet opiniones cogitationesque palam publiceque manifestandi conducere ad populorum mores animosque facilius corrumpendos ac indifferentissimi pestem propagandam.

LXXX.. Romanus Pontifex potest ac debet cum progressu, cum liberalismo et cum recenti civilitate sese reconciliare et componere.

TABLE DES MATIÈRES

LIBRAIRIE CATHOLIQUE ET INTERNATIONALE

DE

P. LETHIELLEUX, ÉDITEUR, PARIS

23, rue Cassette, et rue Mézières, 11

COMMISSION — RELIURE — EXPORTATION

EN SOUSCRIPTION :

LA

SAINTE BIBLE

AVEC COMMENTAIRES

Théologiques, Moraux, Philologiques, Historiques, etc., rédigés d'après les meilleurs travaux anciens et contemporains

ET INTRODUCTION CRITIQUE

spéciale pour chaque livre

Par M. l'Abbé DRACH, du clergé de Paris, docteur en théologie

TEXTE LATIN DE LA VULGATE, TRADUCTION FRANÇAISE EN REGARD

Par M. l'Abbé BAYLE

Docteur en théologie et professeur d'Éloquence sacrée à la faculté de théologie d'Aix

---

Cette publication, déjà honorée de lettres très-flatteuses de NN. SS. les ARCHEVÊQUES et EVÊQUES de *Paris, Chalons, Nancy, Verdun, Bayeux*, etc., formera 8 vol. gr. in-8 raisin, à 2 colon., tirés sur papier fort et collé.

Chaque volume contiendra environ **QUARANTE FEUILLES** *(de 300 à 320 feuilles en tout).*

La feuille (16 pages grand in-8 raisin, à deux colonnes), coûtera **VINGT CENTIMES net.**

Ainsi, un volume de quarante feuilles (soit 640 pages grand in-8 à 2 colonnes, contenant la matière de plus de 3 volumes in-8 ordinaires du prix de 7 fr. 50) ne reviendra qu'à **HUIT FRANCS.**

Quelques exemplaires sur *papier vergé* se vendront à raison de **40 c.** la feuille.

Les soins minutieux qu'exige une telle publication ne nous permettent guère de promettre plus de deux volumes par an.

ARCHEVÊCHÉ DE PARIS

Paris, le 31 août 1869.

Monsieur l'Abbé,

Je lis avec satisfaction les pages déjà parues de votre travail sur l'Écriture sainte, et je crois devoir vous engager à poursuivre vos études et votre publication.

Cette œuvre me semble bien entendue et sera très-utile.

Vous prenez soin de préciser le sens littéral de la Bible, à l'aide du texte primitif, des versions et des commentaires autorisés. Vous tenez compte des travaux philologiques qu'on a faits dans ces derniers temps et des résultats auxquels sont parvenus les savants les plus versés dans l'exégèse biblique. La doctrine, qu'elle intéresse le dogme ou la morale, est mise en relief par des notes courtes, mais dont l'origine exactement indiquée permet au lecteur d'aller chercher les développements à leur source.

On vous saura gré d'avoir publié votre livre qui répond d'une manière plus directe que ceux de vos devanciers aux besoins présents. Je vous félicite d'avoir su trouver le temps de vous livrer à des études et à des recherches si sérieuses, au milieu des occupations incessantes du ministère ecclésiastique, et je prie Dieu de bénir votre œuvre.

Agréez, cher monsieur l'Abbé, l'assurance de mes sentiments affectueux et dévoués.

† G., *Archev. de Paris.*

ÉVÊCHÉ DE CHALONS.

Châlons, le 26 août 1869

Mon cher Abbé,

J'ai reçu avec grand plaisir le spécimen intéressant de l'ouvrage auquel vous travaillez.

Je ne doute pas que votre science personnelle et le précieux héritage biblique de votre illustre père, ne vous mettent en mesure de contribuer pour une large part à la publication d'un excellent ouvrage dont je suivrai les progrès avec le plus grand intérêt.

Je vous remercie des bons sentiments que vous voulez bien garder et de mes livres et de moi-même.

Bien à vous, mon cher Abbé.

† G., *Ev. de Châlons.*

ÉVÊCHÉ DE NANCY ET DE TOUL

Nancy, le 28 août 1869

Bien cher monsieur Drach,

Je viens de parcourir avec un véritable intérêt les premières feuilles de votre remarquable commentaire des Epîtres de saint Paul, et je m'empresse de vous remercier de la bonne pensée que vous avez eue de me les envoyer. Je fais des vœux très-sincères pour que vous puissiez conduire à bonne fin le travail considérable que vous avez entrepris. Vous devez interpréter ainsi toute la Bible. Ce sera un véritable monument en même temps qu'une belle œuvre. Comptez-moi dès aujourd'hui au nombre de vos souscripteurs.

Croyez, bien cher monsieur Drach, à mon affectueux dévouement.

† JOSEPH, *Ev. de Nancy.*

ÉVÊCHÉ DE VERDUN.

Viroflay, le 10 septembre 1869

Monsieur l'Abbé,

L'œuvre d'exégèse que vous venez d'inaugurer si magistralement, servira très-efficacement la cause de la vérité. Noblesse oblige : votre nom promet un travail d'érudition et de conscience; et j'aime à déclarer que cette promesse est justifiée par le spécimen que vous m'avez adressé.

Agréez, Monsieur l'Abbé, mes félicitations respectueuses.

† AUGUSTIN, *Ev. de Verdun.*

ÉVÊCHE DE BAYEUX

Bayeux, le 27 septembre 1869.

Cher monsieur l'Abbé,

Je réponds bien tard à votre aimable lettre. Je ne puis que vous encourager à poursuivre l'œuvre laborieuse que vous avez entreprise. Vous pouvez me compter au nombre de vos souscripteurs. Vos talents et vos connaissances acquises me sont une assurance que je ne serai point déçu dans l'espérance que j'ai de l'heureux succès de votre ouvrage.

Tout à vous en N.-S.

† FLAVIEN, *Ev. de Bayeux.*

L'ÉVANGILE, EXPLIQUÉ, DÉFENDU, MÉDITÉ, ou Exposition exégétique, apologétique et homilétique de la vie de Notre-Seigneur Jésus-Christ, d'après l'harmonie des Évangiles, par M. l'abbé Dehaut, chanoine honoraire de Soissons, curé de Septmonts, ancien professeur au Grand-Séminaire de Soissons. Seconde édition, revue, corrigée et augmentée. 5 forts volumes petit in-8°. * 18.00

L'ÉVANGILE EXPLIQUÉ ET DÉFENDU, ou Exposition exégétique, critique et apologétique de la vie de Notre-Seigneur Jésus-Christ, d'après l'harmonie des Évangiles, par M. l'abbé Dehaut, curé de Septmonts, ancien professeur au Grand-Séminaire de Soissons. Abrégé du précédent. Édition à l'usage des laïques et des personnes pieuses. 3 volumes petit in-8°. * 12.00

DECRETA AUTHENTICA S. R. CONGREGATIONIS, cum notis Aloysii Gardellini, et Instructio Clementina cum commentariis, in usum cleri commodiorem ordine alphabetico concinnata, opera et studio Wolfgangi Mühlbauer, cæremoniarii Eccl. metrop. Monacensis. — 4 beaux et très-forts volumes grand in-8°, à deux colonnes. * 50.00
Ouvrage terminé, avec approbation de Rome et de l'Ordinaire.

THESAURUS RESOLUTIONUM S. C. CONCILII, quæ consentanee ad Tridentinorum PP. decreta, aliasque canonici juris sanctiones prodierunt usque ad hunc annum, cum omnibus constitutionibus et aliis novissimis declarationibus SS. Pontificum ad causas respicientibus, primum ad commodiorem usum ordine alphabetico concinnatus, opera et studio Wolfgangi Mühlbauer, cæremoniarii eccl. metr. Monacens. reverendissimis illustrissimis Episcopis eorumque vicariis, causarum patronis ac aliis in ecclesiastico foro vacantibus apprime utilis et necessarius.

Prix : pendant la souscription, la livraison, *n.* 3 fr.; — après l'achèvement de l'ouvrage, 3 fr. 50.

Il y aura environ 80 livraisons, formant de 9 à 10 volumes ; le manuscrit est achevé.

N. B. Le format est grand in-4°, sur deux colonnes, caractères neufs, très-beau papier glacé, et la livraison forme au moins 120 pages.

Ce livre est évidemment le plus vaste *Répertoire de jurisprudence canonique* qui ait encore été publié, et l'annonce d'un *prochain Concile* en rend l'opportunité frappante.

SACRÆ CONGREGATIONIS INDULGENTIARUM RESOLUTIONES AUTHENTICÆ, quas, nulla dempta, meliori ordine disposuit ac notis plurimis locupletavit J.-B. Falise. Grand in-8° [824 p.] * 5.50

PRINCIPES ÉLÉMENTAIRES DE PLAIN-CHANT, à l'usage des Séminaires, Ecoles normales, Maîtrises, etc., par M. l'abbé Delhoste, chanoine honoraire, professeur de chant ecclésiastique, membre de la société agricole, scientifique et littéraire des Pyrénées-Orientales. Un beau volume grand in-8°. Prix net. 3.00

COMPENDIUM THEOLOGIÆ, R. P. Thomæ ex Charmes, ord. S. Francisci capucinorum, ad usum examinandorum edidit Lud. de Essen, S. S. theol. doctor progymnasiique Juliacensis rector. — Très-fort volume grand in-12 de 750 p. *4.00

RECHERCHE DE LA VRAIE RELIGION, par M. Michaud. Un vol. in-18. *1.50

DROIT PUBLIC DE L'ÉGLISE ET DES NATIONS CHRÉTIENNES, par Guillaume Audisio, chanoine de Saint-Pierre au Vatican, et professeur de droit rationnel des gens à l'université de la Sapience, traduit de l'italien, avec approbation de l'auteur, par M. le chanoine Labis, professeur au Grand-Séminaire de Tournai. 4 volumes grand in-8°. *16.00

POURQUOI SOMMES-NOUS CATHOLIQUES ET NON PROTESTANTS? Discussion au point de vue de l'Écriture, du bon sens et des faits, traduit de l'anglais, avec autorisation de l'auteur, par un prêtre du clergé de Paris. 8° édition, revue et corrigée. Grand in-18 raisin de 252 pages. *1.00
Excellent ouvrage de propagande adopté par la société de Saint-François de Salles.

DE LA PAUVRETÉ, sa mission dans l'Église et dans le monde, étude apologétique d'économie sociale, par le R. P. Exupère, de Prats de-Mollo, capucin, précédé d'une lettre de Mgr l'Evêque de Versailles. 2° édition. 1 beau vol. in-8°. * 6.00

ŒUVRES COMPLÈTES DE SAINT FRANÇOIS DE SALES, évêque et prince de Genève. Nouvelle édition, revue par une société d'ecclésiastiques. Dix beaux volumes in-8°. * 50.00
Le tome X° contient une nouvelle vie du Saint.

ŒUVRES COMPLÈTES DE BOURDALOUE. Nouvelle édition, revue par une société d'ecclésiastiques. 6 forts vol. in-8°. * 20.00

SERMONS SUR NOTRE-SEIGNEUR ET LA SAINTE VIERGE, par S. Em. le cardinal Wiseman. Traduits de l'anglais et précédés d'une *Notice biographique*, **par M. l'abbé Bayle, docteur** en théologie, professeur d'éloquence sacrée à la Faculté de théologie d'Aix. Un fort volume in-18 jésus. · 3.00

ŒUVRES DE SAINT THOMAS DE VILLENEUVE, religieux augustin, archevêque de Valence. Traduites du latin par le R. P. Ferrier, prêtre de la Miséricorde. 5 très-forts vol., format Charpentier, d'environ 500 p. chacun. · 17.00

Chaque volume se vend à part.

I. Sermons pour l'Avent, 1 vol. 3.50.— II. Sermons pour le Carême, 1 vol. 3.50. — III. Sermons pour les Mystères, 1 vol. 3.50. — IV. Sermons pour les Fêtes des Saints, 1 vol. 3.50. — V. Dominicales, 1 vol. 3.50.

MÉDITATIONS ECCLÉSIASTIQUES pour tous les jours de l'année, par le R. P. Stub, Barnabite. 4 beaux et forts volumes, format charpentier. · 14.00

LE BOUQUET DE LA MISSION OU DE LA RETRAITE, par l'abbé P.-M. D. Fort vol. in-12. · 1.00

COURTES MÉDITATIONS pour tous les jours de l'année, par l'abbé Berteu. Beau et fort vol. grand in-18 raisin. · 2.50

ÉLÉVATIONS A JÉSUS-CHRIST N.-S. sur la conduite de son esprit et de sa grâce vers sainte Marie-Madeleine. Joli volume grand in-32 raisin. · 0.60

ENTRETIENS DE L'AME AVEC JÉSUS-CHRIST. 2 volumes grand in-18 jésus. · 4.00

L'UNION AVEC N.-S. JÉSUS-CHRIST dans ses principaux Mystères, pour tout le temps de l'année, par le R. P. J.-B. Saint-Jure, de la Compagnie de Jésus. Un vol. gr. tn-18 rais. · 1.50

TOUT POUR LE CIEL, ou les Joies immortelles des Bienheureux, par le R. P. Robert, sous-prieur de l'abbaye du Mont-Saint-Bernard, traduit librement de l'anglais, avec l'autorisation de l'auteur, par M. l'abbé Brune, chanoine de l'église métropolitaine de Rennes. Beau vol. gr. in-32 jésus. · 1.20

EXPOSITION DE LA RÈGLE DU TIERS-ORDRE de saint François d'Assise, par Denis-le-Chartreux, traduite du latin par un religieux de la Grande-Chartreuse, augmentée d'une Introduction et de Notes par le R. P. Apollinaire de Valence, capucin. 1 volume in-18. · 2.00

Bibliothèque eucharistique

I. LES PRIÈRES DE SAINTE GERTRUDE et de sainte Mechtilde,

traduites du latin, précédées d'une Notice sur la vie de sainte Gertrude, et suivies d'un Recueil de prières indulgenciées, par le F. Pierre d'Alcantara, T. O. C., et revues par le P. Apollinaire, capucin, avec approbation de Mgr l'évêque de Versailles. Grand in-32 broché. · 1.00

II. LE PIEUX COMMUNIANT, par le R. P. Baker, de l'ordre de saint François, traduit de l'anglais par l'abbé A Bayle, docteur en théologie, aumônier du lycée de Marseille. Grand in-32 raisin. · 1.00

III. LARBRE DE VIE, ou le prix infini et les admirables effets de la sainte Messe, par le R. P. Pierre Pinamonti, de la Compagnie de Jésus; traduit de l'italien et enrichi de traits historiques et de prières, par M. l'abbé V. Postel, vicaire-général d'Alger. Grand in-32 raisin. · 0.60

IV. LE TRÉSOR CACHÉ, ou l'adorable sacrifice de nos autels, par S. Léonard, de Port-Maurice, traduction nouvelle à laquelle on a joint diverses prières du même auteur, par M. l'abbé V. Postel, vicaire-général d'Alger. Grand in-32 raisin. · 0.80

V. LA VIE CHRÉTIENNE DANS LE MONDE, à l'usage des personnes qui veulent sincèrement leur sanctification, par M. l'abbé de Beauvoys, chanoine honoraire d'Angers. Ouvrage approuvé par Mgr l'évêque d'Angers. 1 fort vol. gr. in-32 raisin. · 1.00

1re Partie. Vie chrétienne sanctifiée par la règle et la fidélité à ses devoirs de piété. — 2e Partie. Vie chrétienne soutenue par l'appui des pieuses associations. — 3e Partie. Vie chrétienne récréée par de pieuses prières.

VI. NOUVEAU MANUEL EUCHARISTIQUE. (*Pieux communiant, Arbre de Vie* et *Trésor caché* réunis), 1 joli volume in-32, reliure toile anglaise. · 3.00

D'autres excellents ouvrages continueront cette collection.

—

SUJETS D'ORAISON à l'usage des enfants de Marie, pour le temps de l'Avent, par Mgr Isoard, auditeur de Rote, ancien directeur de l'école ecclésiastique des Carmes. Beau vol. in-12 jésus. 1.00

SUJETS D'ORAISON pour le saint temps du Carême, par Mgr Isoard, avec approbation de S. Em. le card. archevêque de Paris. Beau volume in-32 jésus. · 1.00

MANUALE SACERDOTUM in quo ii quibus cura animarum commissa est ad manum habent tum quæ in privata devotione, tum quæ in missæ celebratione sacramentorum administratione, et quorumdam aliorum sui muneris officiorum executione usui esse possunt collegit, disposuit et edidit P. Josephus Schneider. S. J., superioribus approbantibus. Editio quinta, emendata et aucta. Beau et très-fort volume grand in-18, ·5.60. — Le même. in-12, gros caractères. ·7.00

MANUALE CLERICORUM, in quo habentur instructiones asceticæ liturgicæque, ac variarum precum formulæ, ad usum eorum qui in seminariis clericorum ad presbyteratus ordinem instituuntur, collegit, disposuit et edidit P. Josephus Schneider, S. J., superioribus approbantibus. Beau et très-fort volume grand in-18. · 6.00

MANUEL DU CONGRÉGANISTE du Sacré-Cœur de Jésus, recueil de Pratiques de piété et de Prières, suivi des Petits Offices du Sacré-Cœur de Jésus et de la très-sainte Vierge, à l'usage de la Congrégation du Sacré-Cœur de Jésus, par M. l'abbé Th. de Beauvoys, chanoine honoraire d'Angers. Beau volume grand in-32 raisin. · 1.00

LIVRE D'HEURES avec un choix d'autres Prières, par Mgr Mislin. Ouvrage orné de 24 miniatures du XIVe et du XVe siècles, tirées à pleines pages et hors texte, et de riches encadrements de la même époque, à chaque page, reproduits en couleurs avec une scrupuleuse fidélité, avec l'approbation ecclésiastique. Magnifique vol. grand in-12, de 500 pages, imprimé en beaux caractères sur papier vélin satiné. · 36.00

CULTE CATHOLIQUE DE MARIE, mère de Jésus, ouvrage faisant suite aux Figures bibliques de Marie, par M. Paul Sausseret, chanoine honoraire de Troyes, 2e édit. 3 vol. in-12. · 6.00

TRENTE PETITES LECTURES, ou Histoire détaillée de la sainte Vierge, par M. H. Marty, avocat et membre des Conférences de St-Vincent-de-Paul de Paris. Approuvé par Mgr l'évêque de Rodez, dédié à la jeunesse chrétienne. 3e édition. Beau volume grand in-32. · 0.50

NOUVEAU MOIS DE MARIE, par le R. P. Zacharie de Sully, capucin. Un fort volume in-18 · 1.50

LA PERSÉVÉRANCE APRÈS LA PREMIÈRE COMMUNION, motifs, moyens et effets, par M. l'abbé Sausseret. 1 vol. grand in-32 raisin, · 0.60.— Le même, cart. toile, 0.80.

APRÈS LE CONGÉ, ou la Vie de Famille, lettres à un ancien sous-officier, par M. l'abbé Vimard, aumônier de l'hôpital militaire de Vincennes. Joli vol. in-32 rais., · 0.75. Relié 1.00

BREVIARIUM PHILOSOPHIÆ SCHOLASTICÆ, auctore Grandclaude, doctore in sacra theologia et in jure canonico, philosophiæ professore. 2e édition, considérablement améliorée d'après les avis des principaux professeurs de philosophie. 3 vol. grand in-12. 7.50

Le 3e volume seul : **Ethica rationalis** complectens jus naturæ privatum et publicum, necnon historiæ philosophiæ syllabum. Un vol. grand in-12, se vend à part. 2.50

LES PRINCIPES DE 89 ET LE CONCILE, par M. l'abbé Grandclaude, docteur en théologie et droit canon, professeur de théologie et auteur du *Breviarium philosophiæ scholasticæ*. Un beau volume in-12. · 2.50

PHILOSOPHIE CATHOLIQUE : **Opinions et Croyances**, par le comte Léon Rzewuski. 2e édit. Beau vol. in-12. · 2.00

DE L'ÉDUCATION MODERNE, par un ancien professeur. Beau volume in-12. •2.00

M. AMÉDÉE THAYER, Sénateur. Suivi d'intéressants appendices sur l'ouvrage de M. de Beauterne intitulé : *Sentiments de Napoléon*. Beau vol. in-8°, papier vélin glacé, portrait. •[illegible].00

LE P. EUDES ET SES INSTITUTS, sa vie et l'histoire de ses œuvres 1601-1680-1869, par C. de Montzey. Un beau et fort volume in-12. •2.50

MADAME DE BUSSIÈRES, ou la Vie chrétienne et charitable au milieu du monde, par M. l'abbé Henri Congnet, doyen du Chapitre, à Soissons. 2ᵉ édit. Vol in-12. •2.50

ROME dans sa vie intellectuelle, dans sa vie charitable, dans ses institutions populaires, par M. l'abbé Postel, vicaire-général d'Alger. 2ᵉ édition. 1 beau volume in-12. •1.50

RÉCITS DE L'HISTOIRE DE L'ÉGLISE

Les titres précédés d'un astérisque (*) sont encore sous presse.

Fabiola, ou l'Eglise des Catacombes, par S. Em. le cardinal Wiseman. Gr. in-8° jésus, sans grav. 5 fr.—In-8° glacé, 2 fr.—In-8° sur carré, 1 fr. 50.—In-12, fort papier glacé, beau vol., 1 fr. 50.—In-12, *compacte et complète* comme les précédentes, *net*, 75 c.—Edit. illustrée de 21 eaux-fortes de Froelich 15 fr.

Aurélia, ou les Juifs de la Porte Capène, par A. Quinton, 2ᵉ édit.—2 vol. in-12. 5 00

Le Dieu Plutus, étude sur l'Empire et la Papauté à la fin du IIIᵉ siècle, par M. A. Quinton, auteur d'*Aurélia*, in-8°, 4 fr. — In-12. 2 50

Cinéas, ou Rome sous Néron, par J.-M. Villefranche. In-12. 3 00

***Zénobie, reine de Palmyre**, par J.-M. Villefranche. In-12.

Eudoxia, tableau du vᵉ siècle, par Mme la comtesse Ida Hahn-Hahn In-12. 2 00

La Perle d'Antioche, par l'abbé Bayle. In-12. 2 50

Thalie, ou l'Eglise à Nicée, par M. l'abbé Bayle. 1 vol. 2 00

L'Ange de la Tour, par le R. P. Previti, de la compagnie de Jésus. In-12. 2 50

Valeria, ou la Vierge de Limoges, par l'abbé Lascaux. In-12. 1 50

Hanani l'Essénien, Scènes des temps apostoliques, par C. Guenot. In-12. 1 50

Simon-Pierre et Simon le Magicien, légende, par le R. P. Franco. In-12. 1 50

Sabinianus, ou les premiers Apôtres de la Gaule, par C. Guenot. In-12. 1 50

Felynis, ou les Chrétiens sous Domitien, par H. Guenot. In-12. 1 50

Antonia, ou les martyrs de Lyon, par H. de Beugnon. In-12. 1 50

Semno l'affranchi, par M. J.-M. de Gaulle. In-12. 1 50

Nysa, par A. de Labadye. In-12. 1 50

Marcien ou le Magicien d'Antioche, par R. de Maricourt. In-12. 1 50

Les Colons de Favianes, par H. Guenot. In-12. 1 50

Les Fils d'Arius, par C. Guenot. In-12. 1 50

Le Filleul de l'Evêque, par R. de Navery. In-12 1 50

Rodoald, ou le dernier prince Lombard, par J. des Mesletles. In-12. 1 50

Mathilde de Canosse, par le R. P. Bresciani. In-12. 1 50

Les Légendes de Saint François d'Assises, par ses trois compagnons, par l'abbé S. de Latreiche, *2e édit.* In-12. 1 50

La Confession de la Reine, par R. de Navery. In-12. 1 50

L'Ermite du Mont des Oliviers, par H. Guenot. In-12. 1 50

Robert de Saverny, par M. Emery. In-12. 1 50

Le Chevalier aux armes vertes, par J. des Journeaux. in-12. 1 50

Le Pèlerinage de Grâce, par M. Emery, in-12. 1 50

***Pomponius Létus**, par Ant. de La Grange. In-12.

Les Martyrs de Gorcum, par l'abbé Chauvierre. 1 vol. in-12. 1 50

Lucia de Mommor, par H. de Beugnon. In-12. 1 50

Le Baron de Hertz, par A. de Labadie. In-12. 1 50

Princesse et Esclave, par M. Emery. In-12. 1 50

Agnès l'Aveugle, par miss Caddel. in-12. 1 00

Le Missionnaire de la terre Maudite, par R. de Navery, in-12. 1 50

Michel Soudais, ou les Pontons de Rochefort, par C. Guenot. In-12. 1 50

Martyr d'un secret, par R. de Navery. in-12. 1 50

Le Juif de Vérone, par le R. P. Bresciani. S.J. traduc. abrégee, in-12. 1 50

Rome, dans sa vie intellectuelle, dans sa vie charitable, dans ses institutions populaires, par l'abbé Postel. 2e *édit.* 1 vol. in-12. 1 50

* **Les Fils de la Montagne**, par Tholmey. in-12. 1 50

La Ballade du Lac, par E. Marcel, in-12. 1 50

Le Batelier du Tibre, par Ant. de La Grange, in-12. 1 50

L'Enfant de la Providence, in-12. 1 50

Morogh à la Hache, par M. Ch. Buet. in-12. 1 50

Les Martyrs d'Orient, d'après Assemani, par l'abbé Lagrange. In.12. 1 50

RÉCITS CONTEMPORAINS

* **Le bouquet de primevères**, par J.-M. VILLEFRANCHE. In-12 2,00

* **Elisa de Montfort**, par le Dr J.-C. FANGAREZZI, traduit de l'italien avec autorisation de l'auteur, par J.-M. VILLEFRANCHE. In-12. 2,00

* **L'hértière de Cronenstein**, **par** la comtesse Ida HAHN-HAHN 2 vol. in-12. — *Seule traduction française autorisée.*

* **La main cachée**, suite de **Brutus le Maudit**, par J. CHARTREL, rédacteur de *l'Uniuers*. In-12. 2,00

Amour et Sacrifice, par Lady HERBERT, traduit de l'anglais avec autorisation de l'auteur. In-12. 2,00

Deux Orphelines, par J.-M. VILLEFRANCHE. 1 vol. in-12. 2,00

Brutus le maudit (1791-1848). par J. CHANTREL, rédacteur de *l'Univers*. beau vol. in-18 jésus. 2,00

La falaise de Mesnil-Val, par J. CHANTREL, rédacteur de *l'Univers*. 1 vol. 2,00

Deux Sœurs, esquises contemporaines, par la comtesse de HAHN-HAHN. 2 beaux volumes in-18 jésus (*seule traduction française autorisée*). 5,00

Pérégrin. par le même, traduit par MARC VERDON. 2 beaux vol. in-18 jésus (*seule traduction française autorisée*). 5,00

Angèle, histoire d'une chrétienne, par E. DE MARGUERITE. In-12. 2,00

La chambre des Ombres, par MARIN DE LIVONNIÈRE Beau vol. in-12. 2,50

Un Philosophe, par le même 1 fort beau vol. in-12. 2,50

La Dynastie des Fouchad, par le même 1 vol. 2,00

Lisa, par le même 1 vol. 2,50

Otto Gartner, par le même I vol. 2,00

Mademoiselle de Neuville, *suivie de Ide de Chaudfontaines*, par Mme BOURDON. Joli volume grand In-18 jesus. 2.00

La femme d'un Officier, par Mme BOURDON. 1 vol 2.00

Anne-Marie, par Mme BOURDON 1 vol. 2.00

Les belles Années, par Mme BOURDON. 1 vol. 2.00

Une Parente pauvre, par le même in-12. 2.00

Léontine. par le même in-12. 2.00

La Vie réelle, par le même in-12. 2.00

Les Béatitudes, par le même nouvelles, in-12 1.50

Souvenir d'une Institutrice, par le même in-12. 2.00

La Charité, par le même légendes. 1.50

Le Droit d'ainesse, par le même in-12. 2.00

Année de Campagne, *par un Curé de ville*. 1 vol. in-18. 1.20

Rennes. Typographie T. Hauvespre.

www.ingramcontent.com/pod-product-compliance
Ingram Content Group UK Ltd.
Pitfield, Milton Keynes, MK11 3LW, UK
UKHW012206240726
13966UKWH00002B/604

9 782011 750440